重庆市高校国际化人文特色建设项目
四川外国语大学白俄罗斯乌克兰科研团队成果

斯拉夫国别研究

白俄罗斯 乌克兰

主编◎杨 俊

时 事 出 版 社
北京

图书在版编目（CIP）数据

斯拉夫国别研究：白俄罗斯、乌克兰/杨俊主编．—北京：时事出版社，2021. 12
ISBN 978-7-5195-0456-4

Ⅰ．①斯…　Ⅱ．①杨…　Ⅲ．①白俄罗斯—历史—研究②乌克兰—历史—研究　Ⅳ．①K511. 407②K511. 307

中国版本图书馆 CIP 数据核字（2021）第 230472 号

出版发行：时事出版社
地　　址：北京市海淀区彰化路 138 号西荣阁 B 座 G2 层
邮　　编：100097
发行热线：（010）88869831　88869832
传　　真：（010）88869875
电子邮箱：shishichubanshe@ sina. com
网　　址：www. shishishe. com
印　　刷：北京良义印刷科技有限公司

开本：787 × 1092　1/16　印张：11　字数：180 千字
2021 年 12 月第 1 版　2021 年 12 月第 1 次印刷
定价：78. 00 元

/目录/ *Contents*

白俄罗斯篇

政治·外交

社会·经贸

文学·文化

乌克兰篇

文学·语言

外交·文化

白俄罗斯篇

政治·外交

俄白“一体化”将何去何从？

杨　俊*

2017年3月8日，中国外交部部长王毅答记者问时表示：“我们认为新时期的中美俄关系不应该是你上我下的跷跷板，三方应该一起做加法，而不是减法，应该一起谋共赢，而不是零和。我们认为三方完全可以通过良性互动、相互促进，来共同履行维护世界和平的义务，共同承担促进全球发展的责任。”① 这一论述适合任何国与国之间的关系。笔者认为，任何一个国家处理国际关系都应该基于两个基本原则，即本国利益优先原则和服务于最重要国际关系原则，第二个原则服务于本国利益优先原则。苏联解体30年来，俄罗斯与白俄罗斯之间的“样板关系”几经波折，俄白关系起伏跌宕，但未来方向似乎越来越明朗。俄罗斯与白俄罗斯之间从历史到现实、从政治到经济都有着千丝万缕的联系，同是东斯拉夫人、同讲东斯拉夫语、同属苏联，同在苏联解体后独立，同为独联体的创始成员国，同是“欧亚经济联盟”成员国。俄白两国历史渊源深厚，现实纠结丛生，两国关系可以简单概括为六个字——剪不断理还乱。

俄罗斯一直都对“最重要国际关系”的定位不准确，同时受“大

---

* 杨俊，四川外国语大学俄语学院党总支书记，副教授。

① 王毅：《新时期中美俄关系不是你上我下的跷跷板》，新华网，2017年3月8日，http://www.xinhuanet.com/2017-03/08/c_1120589338.htm。（上网时间：2020年1月28日）

国沙文主义”驱使，一直奉行霸道的外交政策，尤其是在处理与独立后的苏联加盟共和国关系时更是任性，俄格武装冲突、俄乌冲突都是典型例子。双头鹰对外政策不讲延续性，摇摆不定，反复大，波动频繁。比如从苏联解体之初俄罗斯一味对独联体国家甩包袱到后来的极力拉拢独联体国家到再后的又打又拉。俄罗斯这种典型的“务实主义”外交政策在俄白关系的处理过程中得到了充分体现。

一、俄白关系的重要性

从叶利钦时代开始，俄罗斯就非常重视俄白关系，把俄白关系定位为“样板关系”，把俄白关系凸显于俄罗斯处理与独联体国家关系的最前沿。反言之，俄白关系直接影响俄罗斯与其他独联体国家的关系。从俄白关系的定位来看，作为一个政治家，叶利钦比普京更具政治眼光，更懂国际战略。这一定位绝不是简单的根据两国民族历史的一致性、政治经济发展的互补性来考虑的，而是着眼本国利益，充分考量共同安全利益的整体性和国际大环境的紧迫性而做出的战略定位。这一定位的重要性体现在以下几个层面：

1. 俄白关系是俄罗斯处理与独联体其他国家关系的基础

从历史看，俄罗斯与白俄罗斯可谓同宗同源，同气连枝，搞好两国关系障碍最小，起效最快，“样板”效益大。虽然苏联解体后立即成立了独联体，但它始终是一种松散式联盟。由于前期俄罗斯“甩包袱”式对待独联体国家，致使独联体国家一致对俄罗斯充满戒心。加上西方国家的挑拨、拉拢、利诱，俄罗斯与独联体国家间的关系变得很微妙，搞好俄白关系会产生一连串的“样板”效应，会带动俄罗斯与其他独联体国家发展政治经济关系，对俄罗斯巩固苏联传统势力范围起着“压舱石”的作用。

2. 俄白关系有利于俄罗斯发展与独联体国家的经济关系

从苏联时代开始，白俄罗斯的经济就一直依附于俄罗斯经济，特别是石油、天然气等能源领域依赖性更强。两国的经济关系一直都是唇齿相依。叶利钦看准了只有“样板关系”才具备牵一发而动全身的效果，才能帮助俄罗斯强化与独联体国家的经济交往。现在回过头看，叶利钦当年给俄罗斯发展独联体国家关系所确定的“俄白关系为样板，俄白哈关系为核心”是何等的政治智慧。

3. 俄白关系是遏制北约东扩最重要的一环

从白俄罗斯所处的地理位置来看，无论是俄罗斯还是白俄罗斯，对安全战略的考虑一致，都重视俄白安全合作，都反对北约东扩。白俄罗斯地处东西方的夹缝之间，其邻国中拉脱维亚、立陶宛和波兰都加入了北约，若俄乌冲突升级，北约继续东扩，将对白俄罗斯的安全造成更大的威胁，也直接威胁到俄罗斯的国家安全。

综上，俄白关系对俄罗斯和白俄罗斯都至关重要，俄罗斯完全有理由有能力搞好这组“样板关系”。为搞好与俄罗斯的政治经济关系，处于弱势一方的白俄罗斯可谓百般忍辱、负重前行。遗憾的是，普京并未按照叶利钦确定的原则来发展俄白样板关系。

二、俄白关系的路线图

虽然白俄罗斯是俄罗斯为数不多的“铁杆盟国”，但在俄白这组关系中，俄罗斯始终处于主导地位，所谓弱国无外交，在白俄罗斯身上得到了充分的体现。笔者把苏联解体后整个俄白关系的发展分为三个阶段：

1. 从苏联解体到卢卡申科出任总统

这个阶段属于联合意向阶段，即仅仅是有意向联合，而没有实质性动作。苏联解体后的 1991 年 12 月 21 日，白俄罗斯在阿拉木图签署了《关于建立独联体国家联合体协议的议定书》。此后俄罗斯提出了“共同经济空间”设想，希望在独联体内部保留一个“共同卢布区”，白俄罗斯先赞同后反对，并愤然退出“共同卢布区”。白俄罗斯反对俄罗斯的大国行径，认为“共同卢布区”是俄罗斯想“甩包袱”。对独联体国家而言，这个阶段离心力大于向心力，俄白双方也是各怀鬼胎。出于报复俄罗斯，白俄罗斯立即发行了白俄罗斯卢布，设立了海关，确立了关税和外贸配额许可证制度。

鉴于独联体成员国的“一致”反应，俄罗斯发现自己“一边倒”的对外政策受挫，转变了对独联体的认识，俄白关系才出现了转机，也开始真正构筑联合意向。1993 年初叶利钦提出了《俄罗斯对外政策构想基本原则》，这一纲领性文件把俄罗斯对外“甩包袱”政策调整为“积极拉拢”政策。白俄罗斯于 1993 年 1 月和 9 月分别签署了《独联体宪章》和《独联体经济联盟条约》，前者为进一步协调独联体国家关系而明确了独联体的职能和作用，后者使独联体国家加强经济联盟的要求得到了体现。至此，整个独联体的联合意向，包括俄白联合意向得以确立。但是，白俄罗斯议会尚有一股强大的势力反对俄白联盟。

2. 从卢卡申科出任总统到普京入主克里姆林宫

这个阶段是俄白联盟发展的黄金阶段。卢卡申科刚执政时白俄罗斯被美国和西欧各国疯狂打压，呼吁加强俄白合作抵御美欧的呼声很高。1994 年 7 月卢卡申科当选为白俄罗斯总统，成为了俄白关系的转折点。因为前期欧美的打压，卢卡申科对西方国家奉行强硬的外交政策，主张加强与俄罗斯的国家关系，以此来与西方国家对白俄罗斯施压相抗衡。紧接着，卢卡申科不断巩固并加强总统权力，逐渐削弱议会作用，并于 1996 年 4 月 2 日与俄罗斯签署了《俄罗斯和白俄罗斯共同体条约》，标志着俄白关系初步凸显。直到1996年11月白俄罗斯第二次全民公决后，卢卡申科终于获得了超越议会之上的总统权力，彻底扫除了议会反对派对抗俄白联盟的障碍。

1997年4月20日两国签署了《俄罗斯与白俄罗斯联盟条约》。建立俄白联盟的目的是“加强俄罗斯和白俄罗斯在政治、经济、社会、军事、科学、文化和其他领域的兄弟关系、友谊和全面合作。俄白联盟的核心在于经济领域。联盟的建立有助于两国的生产合作，并在社会保障、劳动就业、文化、医疗服务等方面向统一标准过渡”。叶利钦总统表示，俄白联盟打开了两国通向“真正一体化的道路”，是比共同体“更加紧密、更加团结的国际实体”，是“两国历史上的重大事件”。白俄罗斯总统卢卡申科说“（两国）兄弟般的人民迟早要生活在同一个大家庭”。[①] 1997年5月23日，两国总统又在莫斯科签署了俄白联盟章程，6月11日，俄白两国在明斯克交换了关于批准俄白联盟条约及其章程的法律文本，并成立“俄白联盟”。当时，舆论对俄白联盟条约的签署反映强烈，认为这是两国“向更紧密的一体化迈出的具有实质性意义的一步，也是苏联解体6年来两个苏联共和国第一次走向如此紧密的联合”。[②] 1999年12月8日两国总统在克里姆林宫签署了关于俄罗斯和白俄罗斯建立联盟国家的条约（叶利钦在签字仪式上强调，联盟国家将保留俄白两国的主权，不建立统一的军队，建立俄白联盟国家条约是“划时代的事件”，符合俄白两国的国家利益。卢卡申科认为，该条约开辟了俄白两国关系的新纪元，建立联盟国家有助于加强两国在国防、安全以及在国际舞台上的合作。叶利钦和卢卡申科还签署了实施联盟国家条约的行动纲领。纲领规定从2000年起逐步拉平两国主要宏观经济指标；从2001年起实行统一的税收政策；从2005年起实行统一的贸易和关税政策，当年底以前实现货币统一）。1999年12月25日，俄白两国总统签署《成立俄白联盟国家条约》，即两国进一步统一的宣言，并

---

① 俱孟军：《更上一层楼——俄罗斯与白俄罗斯签署联盟条约》，《世界知识》1997年第9期，第26页。

② 宗旗：《俄罗斯白俄罗斯缘何又签联盟条约》，《国际展望》1997年第8期，第43页。

规定该条约2000年初生效，俄白联盟国家成立。该条约的签署成为了俄白关系凸显的根本标志，叶利钦显然是计划将俄罗斯和白俄罗斯作为一个联盟国家跨入21世纪。

3. 普京入主克里姆林宫早期

新千年的钟声刚一敲响，俄罗斯最高领导人的权杖被移交到普京手中，这一刻也成为了俄白关系的又一个转折点。普京接过权杖，眼前却是满目疮痍的俄罗斯，危害国家安全最突出的两大问题（寡头政治及车臣问题）摆在面前，根本无暇顾及白俄罗斯和俄白联盟。2000年1月26日举行最高国务委员会首次会议，白俄罗斯总统卢卡申科当选为委员会主席。当天举行了俄白双方批准文本的互换仪式，这一仪式的完成标志着俄白两个国家的人民从此都成为了一个新国家的公民。普京尤其对卢卡申科和叶利钦为俄白联盟所作的贡献表示感谢，卢卡申科向在俄白联盟进程中作出突出贡献的俄首任总统叶利钦颁发了白俄罗斯国家最高奖章。2000年4月26日“联盟社会院”第一次代表大会在莫斯科举行，大会的任务是团结俄白两国社会力量，推动两个兄弟民族的一体化进程。2001年4月3日，在莫斯科举行了俄白联盟（共同体）成立五周年庆祝仪式。2001年2月《关于俄联邦卸任总统及其家庭保障法》生效，离任总统有豁免权，前总统安然远离权力中心，普京可以按自己的理念治理国家了。

三、俄白关系的实质

普京就任俄罗斯总统后，联盟国家已是象征意义大于实际意义，联盟国家沦为松散的国际组织，实体的性质一直含糊不清。从本质上讲，联盟国家条约并没有任何约束力，而且21世纪初动荡不安的俄罗斯既无心也无力去帮助一个“穷亲戚”，俄罗斯民众对于两国联盟的赞成度并不高，甚至有部分俄罗斯人将其形容为对俄罗斯的经济讹诈。其实，普京就职后俄白关系一直貌合神离，从两个方面可以看出俄白关系的实质。

1. 俄白“斗气”

普京执掌政权以来奉行务实主义对外政策，2000 年一上任就取消了 20 世纪 90 年代叶利钦对独联体油气贸易补贴等扶持政策，并将对白俄罗斯长期低气价调整为略高于国内的价格，引发俄白天然气争端并延续至今。作为回应，白俄罗斯从 2001 年起恢复了海关管制，并暂停两国间的关税同盟（直到 2010 年才恢复），联盟国家实质上已经“名存实亡”。2002 年普京提议将白俄罗斯 7 个州纳入联盟国家管辖范围，卢卡申科拒绝了普京“吞并”白俄罗斯的提议，并强调说“白俄罗斯绝对不会成为另一个国家的一部分”。俄罗斯随即将对白俄罗斯的供气减少了一半；2004 年俄罗斯提升了对白俄罗斯的供气价格，且略高于俄罗斯国内市场价格，此举被认为是俄白分化的开始；2007 年白俄罗斯实行贸易保护，能源问题所引起的危机再度激烈，造成俄罗斯 33 亿美元损失，两国关系降至冰点，联盟国家的畅想更像是神话；2010 年俄罗斯以白俄罗斯拖欠 1.91 亿美元账款为由，对白俄罗斯发动天然气战，并在 3 日内断气 60%；2012 年白俄罗斯截留俄罗斯输往欧洲的天然气，要求享受俄罗斯国内天然气价格；2013 年白俄罗斯又开始享受俄罗斯国内市场天然气价格；2015 年白俄罗斯加入“欧亚经济联盟”，但俄罗斯天然气价格抬高了 15%，俄白公开争吵至 2017 年 4 月，最后双方都进行了让步，并就俄罗斯向白俄罗斯供应天然气价格达成一致，白俄罗斯将向俄罗斯偿还 7.26 亿美元天然气欠款，而俄罗斯对 2018 年至 2019 年期间向白俄罗斯供应的天然气给予相应折扣，俄恢复向白俄罗斯每年供应 2400 万吨原油。然而，2019 年 1 月俄罗斯对白俄罗斯加征油气关税，白俄罗斯出于不满情绪，加强与欧美国家的接触。2020 年 2 月，白俄罗斯宣布将以市场价格购买俄罗斯石油。俄回应称，将撕毁以优惠价格对白俄罗斯提供石油的协议。俄白冲突愈演愈烈。

俄白冲突和争端焦点更多是集中在经济损益，由于俄罗斯掌握油源气源，在与白俄罗斯的争端中相对占优势。但自乌克兰危机以来，俄白冲突已由经济纠纷延伸至政治博弈。两国能源争端背后是俄欧关系的微妙平衡，两国一体化拉锯背后有美俄地缘政治博弈的身影，因为“斗气”，俄罗斯的回旋余地也大大减少。

2. “正名”事件

从白俄罗斯独立以来，白俄罗斯就要求俄罗斯正名，希望俄方使用“Беларусь”称呼白俄罗斯，而不是“Белоруссия”。尤其是 2009 年，白俄罗斯司法部要求俄罗斯司法部承认“Беларусь”是唯一正确的国名，但俄罗斯从未接受这一请求。“正名”事件一定程度上折射出俄白关系的复杂性。

3. 2020 年总统选举

2020 年总统选举前，白俄罗斯总统卢卡申科公开宣称克里姆林宫要在白俄罗斯搞俄版颜色革命，扶持亲俄反对派上台，更是出现了俄罗斯雇佣兵被捕事件，同时多名亲俄反对派人士在白俄罗斯总统大选前被以各种罪名被捕或者逃往莫斯科。大选前白俄罗斯国防部征召 35 岁以下的退役军人重新回到军营，并在俄白边境附近增加兵力，俄罗斯方面自然也是针锋相对，两国之间的军事关系变得紧张起来。根据俄白两国的协议，到 2021 年 6 月 6 日，白俄罗斯境内的俄军基地的使用期限将到期，目前，两国还没有打算续约的意思。

虽然普京在 2020 年 9 月 29 日的第七届俄白地方论坛上发表讲话说，白俄罗斯总统选举后，国家面临“前所未有的”外部压力，他重申俄白关系不受时间和环境影响，并用“兄弟”“好邻居”“真正的盟友”等词形容两国关系，但俄白两国从白俄罗斯总统大选前的争吵到卢卡申科宣誓就职后的“和解”充分证明了“兄弟”不和。

结　语

纷纷扰扰的俄白“一体化”已经走过了20多个年头，但“联盟国家”仍然是镜中花水中月。深层次原因在于双方对联盟国家的理解南辕北辙。卢卡申科长期争取的“两国在联盟中地位平等”的提议被俄罗斯拒绝。而普京梦想建立俄罗斯帝国，吞并白俄罗斯，这必然招致白俄罗斯的反对。俄白两国总统都明白对方的如意算盘，都想谋求利益最大化。普京深知，“白俄罗斯在安全、经济等领域对俄罗斯依赖较重，是俄罗斯主导的集体安全条约组织和欧亚经济联盟的成员。俄罗斯在地缘政治、西部安全、天然气过境通道和经济利益等方面需要白俄罗斯配合。尽管两国存在一些分歧甚至矛盾，但白俄罗斯并不想与俄罗斯交恶”。①

普京采取“胡萝卜＋大棒”策略，避免把白俄罗斯变成第二个乌克兰。同时，随着北约东扩和欧美制裁加剧，普京发现联盟国家的意义愈发重要，因为俄罗斯边境受到了北约的直接压力，迫切需要一个支点来稳固自己在东欧的势力，白俄罗斯自然是最好的选择。如果把白俄罗斯纳入麾下，俄罗斯边境可以向西扩展一千多公里，直接深入北约腹地，而且联盟国家就在乌克兰北部边境，俄罗斯能对乌克兰造成三面合围的局势，向西直逼波兰，这就是20世纪初期俄罗斯帝国的雏形。卢卡申科更了解自己的软肋，也熟悉普京的套路和算盘，因此2019年普京和卢卡申科又就“关于深化联盟国家一体化的问题”展开了多次讨论，希望各自让步继续合作。然而，12月底两国总统正在商谈俄白一体化事宜剩下的最后10%重要协议时，白俄罗斯爆发了示威游行，反对俄白一体化，拒绝普京吞并白俄罗斯。加上俄白继续“斗气”，两国至今未能就石油供应问题达成一致。由于合同未能签署，俄罗斯从

① 赵会荣：《“正名”事件与俄白关系》，《环球》2018年第7期，第36页。

2020 年 1 月 1 日停止了向白俄两家炼油厂供油。2020 年 2 月在索契召开的俄白第三轮次经济会谈没有达成任何成果，卢卡申科拂袖而去，并于 2 月 14 日发出“战争宣言”：白俄罗斯永远是一个独立的国家，不会和俄罗斯合并，从今以后自己再也不会向普京“下跪乞求”了。这番言论被外界认为是俄白决裂的前奏。

虽然俄白之间有关石油、天然气等谈判“无休无止”，但问题的实质关乎俄白两国的未来。白俄罗斯只想得到俄罗斯的廉价石油、天然气及军事安全保障，拒绝一体化，拒绝被吞并。而俄罗斯认为经济一体化仅仅是开始，金融一体化和政治一体化才是最终目的。卢卡申科清楚自己手上可打出的牌越来越多，而普京手上的牌越来越少。随着美白关系正常化，美国和北约可以成为钳制俄罗斯的“盟友”，而俄罗斯对白俄罗斯的威胁远比美国对白俄罗斯的威胁更大。俄白联盟只是白俄罗斯当年不得已的选择，今天的白俄罗斯已经没有必要在俄罗斯这一棵树上吊死。因此，俄白“一体化”势必渐行渐远，两国之间恐怕再也回不到以往的亲密“盟友”关系了。

小国白俄罗斯的多边外交策略

敬菁华*

一、小国的概念及其特征

1. 关于小国的概念

由于小国群体的多样性、差异性和复杂性，至今没有一个权威、通用的小国概念。对于小国的概念，学界多采用多维度、多视角、多方式来进行界定，大体形成了体系取向、物质取向和认知取向三大界定流派。① 这三大流派分别基于国际关系学、统计学和心理学的数据指标来进行界定。

衡量一个国家在国际体系中的大小往往取决于研究主体采取的视角和衡量的维度，而这些视角和维度存在较大的主观性，再加之，国家是一个多维度、多视角的复杂认知对象，因此，小国的界定存在动态性和不确定性。为了便于研究，学界普遍采纳基于统计学基础之上的数据指标，即根据人口规模、领土面积、军事力量、经济实力、国际影响力等指标对小国进行界定。通常认为，人口低于2000—3000万的国家，领土面积在10万平方千米以下的，且军事上只能维护本土国家安全，无

---

* 敬菁华，博士，四川外国语大学俄语学院副教授。

① 韦民：《小国概念：争论与选择》，《国际政治研究》2014年第1期，第59页。

法威胁他国的行为体为小国。当然，这些指标也不是一成不变的，其中的核心指标是人口数量和军事实力。

2. 小国的特征

首先，从经济方面来看，小国的经济脆弱且具有依附性。小国的经济发展面临诸多障碍。国土面积小，资源和劳动力有限，国内市场狭窄，国际贸易中的出口产品单一。因此，小国的国内生产力增速缓慢，国际贸易容易受到国际市场价格波动的冲击。而且，由于国际分工逐渐趋于专门化，多样化的经济才能抵御全球性的经济危机，小国自身资源贫乏，难以兼顾经济多样化和专业化。另外，经济和金融体制的不健全也是小国的致命伤。小国在经济上受制于它依附的大国的经济发展和扩张。

由于小国的武装力量弱小，自身防御能力有限，完全或基本没有防止外敌入侵的能力，在领土安全问题上容易被动，甚至陷入困境，缺乏安全感。在非传统安全领域，小国也缺乏安全屏障。因此，小国通常力图通过利用国际组织的资金、技术援助，政府和私人贷款、投资等方式来提高生产力，实现技术现代化。

相对于大国而言，小国的确有其脆弱的一面，特别是承受和化解某一方面危机的能力弱，因此，小国需要一个稳定的国际环境。由于自身没有能力去影响国际体系的变动，所以小国只能积极地去适应外部环境。

二、小国外交策略的特性

小国自身的特征决定了其为保障国家政治稳定、经济发展和国土安全，不得不利用多元化的外交策略维护与周边大国及邻国的关系。在具体的外交实践中，小国对外战略的变动性和务实性更多地表现在对外政策的阶段性调整。小国的外交策略主要表现在外交政策的灵活务实性、中立模糊性和可塑性。

经济实力的弱小和安全方面的危机感使得小国更加重视外交关系的维系和平衡。小国的外交表现出很大的弹性和灵活性，以更积极活跃的姿态求得一己之利。小国需要靠外交维护自身安全，同时，也借助外交实现国家经济的发展。

小国在对外交往中的风险偏好较低，更倾向于选择为其带来最少风险的行为，不愿意介入冲突或敌对行为，并较多采取模糊策略以避免疏远其他国家。因此，小国尽可能加入多边机制，选择中立地位，依靠大国，合作与避免冲突，更多地使用外交和经济手段，在外交行为上表现得十分谨慎和敏感，每一个举措都要担心和考虑各方的反应。

由于自身实力的缺陷，小国的策略和手段选择易发生变动和重新调整，这使小国的对外战略相较于大国具有更高的可塑性。“小国对外战略上的协调一致多是基于共同目标的非永久性行为选择，将随着共同目标的达成或消失以及彼此间的利益分化与竞争而被打破”。[①] 总而言之，“它们的外交往往表现出不同程度的柔性、中立，与大国结盟、随风、均势等都是小国的外交策略”。[②]

三、小国白俄罗斯的多元化外交

白俄罗斯共和国位于东欧平原，占地面积约 20.7 万平方千米，截至 2019 年 1 月 1 日人口总数为 947.5 万人。白俄罗斯实行有市场导向的计划经济，经济结构以国有资产为主。能源较为贫乏，需要进口煤、石油、天然气。外债呈上升趋势，2014 年初的数据显示，白俄罗斯外债为 136 亿美元，通货膨胀率较高。2015 年用于外债的支出占财政收入的 8.6%。2019 年国内生产总值约为 2000 亿美元，人均 21350 美元。

① 张艳璐：《小国对外战略的逻辑及偏好分析：以波罗的海三国为例》，《俄罗斯东欧中亚研究》2019 年第 5 期，第 62 页。

② 方军祥、李波：《西方国际关系理论中的小国概念分析》，《国际论坛》2005 年第 4 期，第 41 页。

依据小国理论对小国概念的界定，白俄罗斯属于小国的范畴。

1. 与俄罗斯的关系——相互倚重

俄白两国共同的种族、历史、语言、文化和宗教信仰为两国的关系奠定了基础。白俄罗斯是独联体国家中除俄罗斯外唯一一个将俄语作为官方语言的国家，白俄罗斯社会文化也深受俄罗斯文化的影响。

俄罗斯与白俄罗斯自苏联解体之后一直紧密地捆绑在一起。两国在政治、经济、军事、边界安全几个方面有着相互依靠、相互利用的密切关系。其间经历了三个阶段。第一个阶段为1991—1999年，两国尝试建立高度一体化联盟国家。1995年2月21日，俄白两国总统签署了《俄罗斯联邦和白俄罗斯共和国友好、睦邻和合作条约》。1996年4月2日两国在莫斯科签署了《关于组建俄罗斯和白俄罗斯共同体条约》。1998年12月25日卢卡申科和叶利钦签署了一系列新文件：《白俄罗斯和俄罗斯进一步联合声明》《为俄白两国经济主体建立平等条件的协定》等。

第二个阶段为2000—2010年，从2000年普京就任总统开始开启俄白一体化第二个阶段。这一阶段两国关系随着欧亚经济共同体的成立进一步加强，在统一法律和协调经济结构改革方面密切合作。但这一阶段也不全是一帆风顺。由于俄罗斯对白俄罗斯地缘战略需求下降（俄罗斯与西方联合反恐关系好转），俄罗斯在2006—2011年分阶段提高对白俄罗斯的天然气供应价格，这一举措招致白俄罗斯强烈不满，报之以对等的贸易限制。

第三个阶段为2011年至今。2011年10月3日，普京提出了欧亚联盟的设想。2015年1月1日欧亚经济联盟成立。借鉴俄白联盟的经验，两国领导人积极推动联盟在各领域的合作以及项目的落实。

俄罗斯与白俄罗斯在国际事务中立场协调一致，在科技领域也实现了高水平的互利合作，在公民的工作权、养老金和医疗保健、居住地选择以及教育方面都享有平等的权利。在军事合作方面加强共同防御能力，建立联合防御政策、协调军事建设领域的活动，为应对外在的新挑战和威胁建立完善和密切的军事合作系统。

两国的关系主要基于密切的经济联系，相比较而言，白俄罗斯在经济上更依赖俄罗斯。2016 年 9 月，国际货币基金组织估计，仅 2005—2015 年间，俄罗斯对白俄罗斯经济支持总额达 1060 亿美元。俄罗斯的“净支持总量”占白俄罗斯 GDP 的 11%—27%。[①] 白俄罗斯的经济发展需要俄罗斯的资金援助和油气补贴。白俄罗斯的能源产品占国民生产总值的 1/3，而俄罗斯是白俄罗斯的主要能源供应国，是白俄罗斯的第一大贸易伙伴，也是白俄罗斯农产品、交通工具和机械设备传统出口市场。

俄白两国在地缘政治方面互相倚重。一方面，白俄罗斯为俄罗斯西部的战略屏障，能够抵御西方的战略扩张，白俄罗斯是俄罗斯通往西方的门户，为俄罗斯与中西欧的贸易提供畅通的交通物流。因此，俄罗斯在西部安全、地缘政治和天然气过境等方面都需要白俄罗斯配合。另一方面，白俄罗斯在安全、经济领域对俄罗斯的依赖性也很强。白俄罗斯需要俄罗斯为其经济发展提供资金援助，提供高科技技术支撑，为其能源生产提供优惠的能源原材料。卢卡申科当选总统后，依靠与俄罗斯的同盟关系，在俄罗斯强有力的支持下，顶住了西方国家多年的制裁，维持了国内经济持续增长与社会稳定。

2. 与乌克兰的关系——唇齿相依，忽冷忽热

白俄罗斯和乌克兰的关系在后苏联时期呈轮回式发展，很大程度取决于外部环境的变化。作为苏联的两个加盟共和国，两国拥有共同的历史渊源和语言文化融合点，有着良好的民族情感基础，毗邻的地理位置、相似的国情决定了其在地缘政治方面利害关系的一致性。但是，由于两国在独立后所选择的发展道路不同，白俄罗斯选择了在后苏联空间实现经济一体化，而乌克兰选择了亲西方的发展方向，两国关系受国际局势的变化而忽冷忽热。

---

① 刘丹：《“俄白联盟”20 年历史嬗变与发展趋势》，《俄罗斯学刊》第 9 卷总第 54 期，第 50 页。

独立初期，1991 年 12 月至 1994 年 7 月白乌关系在许多方面都没有较大进展，这与当时整个独联体经济危机有关，双方都无暇开展更广泛的合作交往，只限于为两国外交关系和边界问题做一些法律法规方面的准备工作。1994 年 7 月至 2004 年乌克兰危机爆发前这一阶段两国展开了积极的政治对话，形成了政府间各层级的联系与合作，尤其是在地区合作和军事合作方面成效显著。1996—1999 年，尽管由于乌克兰债务问题没有得到解决影响了双方的关系，但总体来说，在法律法规方面基本成熟，共签订了约 120 项文件，其中 96 项为政府和国家之间的协议，大部分涉及经济领域的活动。①

乌克兰危机之后，两国关系受外部环境影响，发生了很大变化。2009—2013 年，虽然双方的合作步伐明显减缓，但总的来说，白乌之间的合作关系仅次于俄白的合作。

乌克兰东部武装冲突爆发以后，国内局势发生重大变化，白乌外交战略的分歧（乌精英选择的亲西方道路和反俄情绪与白俄罗斯视俄罗斯为盟友）显现出来，这对两国关系产生了很大影响。

同为独联体的弱势国家，白俄罗斯透过乌克兰问题担忧自身的战略安全，因此，在克里米亚问题上，白俄罗斯总统卢卡申科不承认克里米亚是俄罗斯的一部分，同时也谴责乌克兰东部民间武装组织对抗乌克兰政府。

但碍于俄罗斯的关系，克里米亚加入俄罗斯后，白俄罗斯在联合国大会上与俄站在一起，故而招致乌克兰不满，两国关系恶化。

乌克兰危机使整个周边地区安全形势在俄罗斯和北约的较量下变得十分紧张。在此背景下，白俄罗斯极其担忧周边复杂的军事政治环境对本国安全的消极影响，不愿被动卷入俄罗斯与西方的冲突之中。在 2017 年 7 月欧安组织议会会议上，白俄罗斯对俄罗斯提出的反对恢复乌克兰主权与领土完整的决议投了弃权票。

几番摇摆之后，白俄罗斯迅速调整了自己的立场：明确表明无意卷

---

① Д. В. Юрчак，“Белорусско – украинские отношения в 1991 – 2017гг. ”，Постсоветские исследования，2018，№1，С. 81.

入冲突，不承认乌克兰领土变更的合法性，努力保持与乌克兰高水平的经贸联系，努力维系与基辅官方的政治对话。

3. 与中国的关系——优先发展方向

1992 年 1 月由白俄罗斯部长委员会主席克比奇率领的政府代表团访问中国，这是中白建立外交关系之前独联体第一个受邀访问中国的国家。他在回忆录中写道："中国的军事和经济实力，以及在国际舞台的政治地位日益增长"，"中国的支持是白俄罗斯经济复兴最重要的因素之一"。①

1992 年 1 月 20 日中白之间签署建立外交关系及经贸合作的协议。1992 年 8 月 28 日至 9 月 1 日白俄罗斯议会代表团首次来中国学习改革经验。虽然白俄罗斯共和国独立之后就立即与中国建立外交友好关系，但 20 世纪 90 年代初期中白关系还处于谨慎观望阶段。1995 年 1 月份白俄罗斯总统卢卡申科访问北京，于 1 月 17 日签署进一步加深中白合作的联合声明，具有里程碑意义，中白关系开始朝良性方向发展。在接下来的许多年里，白俄罗斯将中国视为其外交关系优先发展的方向，并且把合作的重点放在经济领域。

2000 年 7 月 29 日，白俄罗斯总统与中国国家主席胡锦涛会晤时说道：我认为在我们两国之间不存在任何外交政策的分歧，也没有军备竞赛的冲突，我们承认一个中国，相信我们的合作会进一步加深。

新世纪之交中白之间的政治对话达到前所未有的高度。白俄总统在 1997—2019 年间先后 11 次访问中国。中白两国在外交事务、国际问题、双边关系，以及在联合国的事务中取得了卓有成效的合作成果。2015 年 5 月中白签署友好合作条约，将中白关系定位为全面战略伙伴关系。2015 年 8 月 31 日白俄罗斯最高领导人签发总统令，强调与中国的全面

---

① А. В. Тихомиров，Китай как приоритет внешней политики Республики Белорусь（1992 – 2019гг.）［Электронный ресурс］. – URL：https：//elibrary. ru/query _ results. asp/Китаи ˘% 20как% 20приоритет% 20В. П. % 20Рес. % 20Беларусь. pdf （дата обращения：20. 03. 2019）.

战略伙伴关系符合白俄罗斯的长期利益，能够巩固其在国际舞台的地位。总统令的签发表明白俄罗斯将中白关系置于很高的地位。两国在2000—2018 年间的贸易额逐年上升。“2018 年两国贸易额达到 44 亿美元新高，2019 年 1—9 月达到 32.73 亿美元，比 2018 年同期增长26.7%，其中白方对华出口增长 79.3%，自华进口增长 19.7%”①。

白俄罗斯当局认为应该发挥“一带一路”倡议的优势，吸引更多的新技术和良性资本投资到白俄罗斯，并且在中国伙伴的帮助下制造能够打入国际市场的高端产品，肯定了“一带一盟”的对接。

2018 年举行的第三次中白政府间合作委员会制定了合作意向清单，目前清单上很多项目已完成或正在实施，如中国商务部负责的保障房的建设、中白工业园住宅楼和科技成果转化合作中心等无偿援助项目，中国公安部负责的中白工业园警务中心项目等。白俄罗斯为发展中白关系出台过一个总统令，为推进中白工业园建设专门出台过 3 个总统令。②

2019 年中白两国元首两次会晤。2019 年 4 月白俄罗斯总统在“一带一路”国际合作第二届峰会上讲道，所有参与“一带一路”建设的国家都应打消壁垒，加强经济合作。

2019 年 4 月 25 日，习近平主席与卢卡申科总统会晤时指出，双方要加强“一带一路”倡议与白方发展战略的对接，共同推进工业园区建设及经贸、投资、旅游、教育、地方合作不断走深走实，取得更多成果。

四、白俄罗斯外交策略评述

白俄罗斯位于俄罗斯与欧盟之间，地理位置优越，是欧亚大陆上铁

① 赵会荣：《中国和白俄罗斯关系的进展和前景》，《世界知识》2020 年第 1 期，第 66 页。

② С. Астахова，Белорусския и Китай：новый этап взаимоотношений，Межгосударственные отношения [Электронный ресурс]. – URL：https：//elibrary. ru/query _ results. aspбелоруссия%20и%20китай. pdf（дата обращения：12. 03. 2019）.

路、公路、输油输气管道、水路和航空交通枢纽。每年约有超过1亿吨的欧洲货物在白俄罗斯运输过境。由于资源、国防能力和国际影响力相对有限，且处于俄罗斯和西方两大地缘政治力量之间，总统卢卡申科从本国国情出发，推行侧重俄罗斯并尽可能与各方交好的政策，他表示，白俄罗斯的外交政策不会在东、西方以及俄罗斯和欧盟之间做出选择。白俄罗斯的多元外交政策表现出务实、灵活多变、中立模糊、可塑性强的特征。

1. 务实的外交策略

白俄罗斯外交政策的务实性表现在处理与俄罗斯的关系上。白俄罗斯资源短缺，对能源外部供应的依赖程度高，石油和天然气基本都靠俄罗斯提供。由于对俄罗斯经济依赖程度高，白俄罗斯的经济安全受到两国关系的制约，其中能源是制约白俄罗斯对俄外交政策的重要因素。

白俄罗斯的经济增长乏力，对援助和投资需求很大，对贷款造成的债务比较担心。这些不足大都只能依靠俄罗斯的经济扶持来缓解。

如前所述，由于军事力量有限，国家领土的安全问题也必须倚靠俄罗斯强有力的支持。

因此，虽然白俄罗斯对欧亚经济联盟的发展并不十分满意，认为一体化经济发展没有兼顾各成员国利益，未对各成员国建立起平等的经济条件和无障碍环境，并非所有协议都符合成员国的预期。白俄罗斯对联盟框架下的主权让渡极为敏感，不同意联盟内部实行统一货币，但鉴于与俄罗斯之间的经济联系，对俄罗斯在经济与军事上的依赖性，决定了白俄罗斯选择了务实的外交策略，积极参与俄主导的欧亚经济联盟。

2. 灵活多变的外交策略

白俄罗斯与乌克兰忽冷忽热的外交关系说明了白俄罗斯外交策略的灵活多变。白俄罗斯在对待克里米亚问题时，态度出现了多次反复。

乌克兰危机爆发初期，白俄罗斯持观望态度，等待危机自行化解。但事实证明，危机引发的后果涉及到了白俄罗斯自身经济的发展。白俄罗斯从俄罗斯进口的原油进行加工后的产品主要销往乌克兰。危机之后，白俄罗斯与乌克兰贸易关系恶化，由此造成的损失近 10 亿美元。西方对俄罗斯的制裁不仅使卢布暴跌，石油价格也一蹶不振，俄罗斯经济的恶化直接影响白俄罗斯。因此，白俄罗斯不得不表现出明确的主动性，希望迅速化解危机，将危机对本国的外溢效应降到最低。

卢卡申科一方面评价俄罗斯用公投的方式处理克里米亚问题是不恰当的，认为这是开了一个不好的先例；另一方面又在联合国大会上支持俄罗斯对克里米亚问题的处理方式，承认克里米亚的公投结果。

乌克兰危机之后，白俄罗斯迅速改变对乌克兰的政策，主动提出把明斯克作为化解乌克兰危机的议事平台。俄罗斯总统普京与时任乌克兰总统波罗申科的首次会晤、乌克兰问题三方联络小组会议、诺曼底四方会谈等都在明斯克举行。

3. 中立模糊的外交策略

白俄罗斯中立模糊的外交策略一方面表现在对待乌克兰问题，另一方面表现在处理与欧盟的关系上。

白俄罗斯对乌克兰问题最终以中立态度收场。在克里米亚问题上对俄罗斯提出的质疑和指责也不具备实质性的震慑力，俄罗斯国家杜马独联体事务委员会主席卢茨基的发言也证实，白俄罗斯对乌克兰的援助是得到俄罗斯的默许的，否则这些举措不可能真正落地。俄罗斯著名独联体问题专家格罗津认为，白俄罗斯对乌克兰问题的表态应该是获得了俄罗斯的同意。白俄罗斯学者也透露，在明斯克举行的四方会谈本身就是俄罗斯的建议。卢卡申科虽然声称未来准备担当乌克兰危机的调解者，但实际上白俄只是组织者，提供谈判平台而已。

卢卡申科意识到要想确立白俄在世界舞台的地位，一方面应尽量维持与莫斯科当局的关系，保障自己在欧亚经济联盟中的重要席位；另一方面，也要与西方国家维持良好关系。

为缓解经济压力，避免在国际舞台受到孤立，白俄罗斯借助欧盟维系与西方的关系。在 2013—2016 年间连续三次参加“东部伙伴关系”

峰会，通过释放政治犯向欧盟和美国伸出橄榄枝，以此换来欧盟暂停对白俄罗斯的制裁，并接受白俄罗斯向国际货币基金组织申请的贷款。欧洲委员会表示，准备为白俄罗斯经济结构性改革和加入世贸组织提供技术支持。在欧盟的支持下，白俄罗斯于2017年7月10日首次举办欧安组织会议。

白俄罗斯在对乌克兰问题表明立场后，欧盟里加会议决定，白俄罗斯获得欧盟自由签证。白俄罗斯在乌克兰危机之后举办了“关税同盟—乌克兰—欧盟”对话会，欧盟外交与安全政策高级代表顾问阿什顿在2014年8月访问明斯克。同年9月，美国跨部门代表团访问白俄罗斯以后，减少了对其签证限制，将签证费降低到160美元的最低标准，白俄罗斯则同意美国增加驻白使馆人员。美国还在华盛顿和纽约先后安排了与白俄罗斯的安全磋商和对白俄罗斯投资的研讨会。

通过这些事例可以看出，白俄罗斯将自己变成俄罗斯与欧盟之间的桥梁，希望通过这种中立模糊的、特殊的外交策略平衡协调好自身与俄罗斯、与欧盟之间的关系。事实证明，这样的外交策略不仅对白俄罗斯经济发展大有益处，而且可以避免其卷入大国纷争的漩涡，同时也维护了国土安全，巩固了国际地位。

4. 外交策略可塑性强

对于一个处于多方利益集团中间的小国来说，白俄罗斯深知仅仅依附于一个大国是不可能实现国家的独立和强大的。适应国际新形势，审时度势，不断调整外交策略，寻求更多强有力的伙伴关系是白俄罗斯外交策略的优先发展方向。

纵观全球局势，中国的崛起和强大是有目共睹的。尽管中白建交时间不短，但直到21世纪初两国的经贸合作一直没有大的突破。里程碑式的转折出现在中国“一带一路”倡议的提出这个重要节点。在权衡利弊之后，白俄罗斯率先支持中国的这一伟大构想，积极调整外交策略，加大加速与中国在各领域的合作。近几年里中白两国之间的合作成果非常显著。

2016—2017 年间中俄两国合作完成 28 个科技项目，并且，白俄罗斯与中国的关系由借贷关系转为中国向白俄罗斯投资的合作关系，也就是说，中国不再只是为白俄罗斯提供贷款，而是以投资的方式参与合作建设。

中国企业在参与中白合作项目过程中始终坚持尊重白俄罗斯的实际情况，以平等、互利共赢为指导思想共商共建。随着中国经济政策在白俄罗斯的顺利实施，中国的影响力通过白俄罗斯逐渐延伸至“一带一路”沿线其他的欧洲国家和地区。

纵观历史，中白之间的关系在稳定外交往来的基础上一直不断地深入，日渐升温。白俄罗斯领导人顺应时代潮流，不断调整对中国的外交政策，正是因为白俄罗斯外交政策的可塑性强，能够更加灵活地顺应国际形势的变化，充分利用中国经济的优势效应，化解自身的劣势，才能够取得有目共睹的发展。

结　语

小国，特别是地缘博弈中的中轴小国，在世界体系平衡构建中日益发挥重要作用。当今世界是一个国际体系和国际秩序发生深刻变化的世界，国际力量格局的变化使秩序竞争更加激烈，小国能在一定程度上对大国战略的实施产生关键性影响。

白俄罗斯正是这样一个具有重要地缘政治地位的中轴小国。得益于现任总统卢卡申科敏锐的外交嗅觉和高瞻远瞩的外交视野，将自身优势通过多元的外交策略发挥到极致，既促进了国家经济的快速发展，又保障了国家的安全。在不同势力的交织中不但没有陷入被动局面，反而游刃有余地平衡和协调了复杂的国际关系，不得不承认，多元外交策略是白俄罗斯治国的根本。

尽管在对外关系上白俄罗斯表现出一定程度的妥协、忍让，但对于主权这一敏感问题白俄罗斯始终保持清醒的头脑。俄罗斯与白俄罗斯在建立联盟的20多年里签署了150个几乎涵盖所有关键领域的协议，但是至今为止，在经济上无法完成货币统一，建制也未达成共识。主要原因仍在于白俄罗斯坚守国家的主权意识。

另外，小国需要通过制衡的手段来降低外部威胁。因此，在小国的外交政策中，防务性的制衡措施是非常重要的。这一点在白俄罗斯平衡俄罗斯、欧盟、乌克兰几方外交关系中得到了充分体现。

正是由于小国对外战略的务实性、灵活多变性、中立模糊性及可塑性，在国际社会中小国虽然没有足以与大国抗衡的实力，但可以利用自身的优势项作为筹码来吸引大国，利用大国的资源为本国的发展添砖加瓦。

俄罗斯与白俄罗斯一体化进程中的问题评析

吴　多*

1999 年俄罗斯与白俄罗斯签署了《建立联盟国家条约》。根据该条约，俄白联盟要逐步共建政治、经济、习俗、货币、法律、人文和文化一体化空间，同时条约规定，作为联盟国家公民，俄罗斯和白俄罗斯全体公民在整个联盟国家领土上享有平等的权利。20 年过去了，尽管俄白联盟国家一体化进程中存在诸多不确定性，但两国在经济、政治、文化、军事等领域的合作仍在继续。在当前国际社会背景下，俄白一体化模式也是后苏联空间中较为成功的例子。本文拟从政治议程、经济特殊性以及俄白两国人民的精神认同等方面入手，分析俄白联盟国家筹备成立和发展的主要阶段，论述两国领导层面临的诸多争议性问题及其成因，并展望一体化进程的发展趋势。

俄罗斯—白俄罗斯联盟的形成具有悠久的历史文化传统和地缘政治背景。从语言来看，俄罗斯语与白俄罗斯语同属斯拉夫语系中的东斯拉夫语支，语言的相近是拉近两个民族的重要前提。从民族成分来看，俄罗斯人和白俄罗斯人同属东斯拉夫民族，他们拥有相同的文化基础，相似的生活方式，在面对外部敌人时也持一致立场。这两个民族都是在古代俄罗斯文明和民族社区基础上发展起来的，至今仍保留着他们独有的

* 吴多，四川外国语大学俄语学院讲师。

民族认同和文化。

从13世纪立陶宛公国兴起统一斯拉夫各族，到1795年波兰立陶宛联邦灭亡后白俄罗斯被并入俄罗斯帝国，此后到1991年苏联解体之前，俄罗斯和白俄罗斯都同属一个国家。俄国人和白俄罗斯人并肩经历了历史上的许多转折点：第一次世界大战、俄罗斯内战、德国侵略、波兰干预，并经受住了两国历史上最大的考验——伟大的卫国战争。这样的历史强化了俄罗斯人和白俄罗斯人之间的文化认同。

在苏联时期，白俄罗斯拥有自己的经济基础，作为其中一个加盟共和国，平等参与政治和经济合作。苏联时期的白俄罗斯是一个工业多样化、农业集约化、科学技术先进的国家，是苏联经济最发达的加盟共和国之一，被称作苏联的“装配车间”。白俄罗斯保留了一些在俄罗斯几乎已经没有的行业，如微电子、机床和机械工程。这对今天俄白之间的产业合作有着极大的优势。当前，俄罗斯在恢复军事工业综合体的发展中，发现了基础性工业存在很多问题。在过去的20年中，俄罗斯的无线电电子企业在技术、生产力上明显滞后，无法满足对微芯片日益增长的需求，并且国家禁止进口国防工业设备。白俄罗斯在苏联解体后保留了微电子技术并实现了现代化，这对俄罗斯来说无疑是种救赎。虽然白俄罗斯的微芯片也被严格管控进出口，但是在形成后的俄白联盟国家框架内就不再受此限制。白俄罗斯在粮食安全方面保持高度自给自足。农业技术水平与欧洲相当，有的地方甚至高于欧洲水平。国内农业技术运用充分，生产率高，相应地，农产品的成本和价格都较低。从这一角度来看，两国开展农业合作可以为俄罗斯农业生产提供大量技术支持。此外，白俄罗斯的地理位置极为重要，连接俄罗斯与欧洲国家的最重要的铁路和公路线路贯穿白俄罗斯境内，石油、天然气管道以及航空线路都要经过白俄罗斯。两国之间极为密切的联系和互补性为工业、农业、能源等方面的产业合作打下了坚实基础。

苏联解体后，各加盟共和国走上了独立发展的道路。但俄罗斯和白俄罗斯一直保持密切合作，积极促进两国一体化。1992年独联体成立，成为继续发展俄罗斯和白俄罗斯双边经济关系的平台。同年，两国签署自由贸易协定。该协定保障了每个国家奉行独立自主的对外经济政策的权利。协定规定“在商品贸易方面，原产于一协定成员国的货物出口到另一协定成员国时，免征关税。在此基础上建立了一种特殊的国家原产货物贸易制度”。①

两国领导人清楚地认识到，共同的历史命运、相同的民族血缘和精神上的亲近将俄罗斯和白俄罗斯紧密地联系在一起。外交政策的共同观点、国家安全领域的利益趋同，所有这一切都成为了两个兄弟民族一体化的有效基础。因此，1995 年俄罗斯和白俄罗斯共同体成立，旨在实现政治和经济一体化。1996 年 4 月 2 日，时任俄罗斯总统叶利钦与白俄罗斯总统卢卡申科签署了《成立主权国家共同体条约》，这一事件被看作是建立联盟国家的里程碑，直到今天，俄白两国人民还会在每年 4 月 2 日隆重庆祝俄白民族团结日。

俄罗斯和白俄罗斯的亲密合作能巩固独联体内一体化进程，帮助俄罗斯解决其在欧洲影响力减弱及北约东扩所带来的被孤立问题。至少能在一定程度上实现建立一个经济、文化、政治发展相近的斯拉夫联盟。

1997 年 5 月俄白签署了《俄罗斯和白俄罗斯联盟宪章》。根据该章程，成立了白俄罗斯和俄罗斯联盟最高委员会和执行委员会，作为俄白联盟理事机构，同时联盟机构继续沿用俄白共同体的议会大会。这一阶段两国关系达到了一个新水平，在维护主权的前提下，两国在经济、政治、军事和战略利益方面逐步实施一系列方案并取得了有效成果。此外，两国还设立边境和海关委员会，成立了安全委员会以及执行机构和联盟总预算。

俄白一体化是建立在两国政府的政治意愿和有意识的努力之上的，这种共识不能单纯用经济因素来解释。对于俄罗斯来说，一体化首先有地缘政治意义。与白俄罗斯建立联盟，能够让俄罗斯直接从陆路进入加里宁格勒飞地，有了通往欧洲的入口，同时还节省了在西方边境部署军事力量所需的大量资金。白俄罗斯的防空点为俄白边境的整个空间提供

① Попов С. Ю. “Союзные СМИ как инструмент информационной политики Союзного государства России и Белоруссии”, Дис. канд. филолог. наук, РУДН. М. , 2015. С. 13.

了安全保障。此外，白俄罗斯的领土“切断”了波罗的海—黑海走廊，而这个走廊是俄罗斯通过立陶宛和拉脱维亚到波罗的海，以及通过乌克兰到黑海的主要石油运输通道。

1999 年 12 月 8 日，俄罗斯和白俄罗斯签署了《建立联盟国家条约》，这也是两国建立联盟国家进程的最后一个阶段。当天，两国在莫斯科通过了俄罗斯联邦和白俄罗斯共和国关于执行《建立联盟国家条约》条款的行动纲领，其中规定了最高机构、成员国联合管辖权的限制、确保统一信息领域和其他许多重要的合作领域。

建立联盟国家的条约阐明了其主要目标：

1. 促进成员国和平与民主发展，增进两国民族兄弟般友谊、改善人民生活福祉，提高生活水平；

2. 形成共同经济空间，确保社会和经济发展；

3. 遵守国际法规定的基本人权和公民权利及自由；

4. 协调国防领域的外交与内政；

5. 建立统一的民主国家法律制度；

6. 协调社会政策，为人民的体面生活和自由发展创造条件；

7. 确保联盟国家的安全和打击犯罪；

8. 发展独联体，加强欧洲乃至世界范围内的和平、安全与互利合作。①

此外，《建立联盟国家条约》中还提到一个关键点，即俄罗斯和白俄罗斯都保留了国家主权。《建立联盟国家条约》规定了“联盟国的专属管辖权以及联盟国与成员国的共同管辖权问题”。② 联盟国的专属权限包括三个领域的问题：经济、联合安全和防务，以及联盟国理事机构的独立体系。联合职能包括国防政策、社会事业，在科学、文化、教育、生态方面的经验交流，以及打击恐怖主义。有学者认为俄白联盟国家具有联邦制和同盟制的特点，也有学者认为俄白一体化是一种新型国

---

① “Договор между Российской Федерацией и Республикой Беларусь от 8 декабря 1999 г.《О создании союзного государства》”, СЗ РФ, 2000, №7, С. 786.

② “Конституционный акт Союзного государства (проект)”, С. 1, Право и жизнь, 2006, № 95.

家范例。

俄罗斯和白俄罗斯的一体化正在分阶段进行，在统一立法方面也初见成效。按照规定，“第一，要使《白俄罗斯民法典》符合俄罗斯法律。第二，统一了公民所得税的征收基数。第三，统一养老金立法。第四，寻求对俄白公民社会保障的统一方式。第五，确立联防政策和维护社会秩序的一般原则”。①

联盟国家运作的主要问题是缺少一部宪法性法案。这一法案将明确俄白两国国家宪法与俄白联盟法律框架之间国际条约、冲突和有争议问题的协调程序，规定联盟国法院和其他国家权力机构的权限。该法案的准备工作进展缓慢，没有可持续的长期计划来阐释和促进俄白联盟作为一个政治行为体。俄白两国民众也不了解联盟国家在立法层面的进展。没有任何资料或分析来说明俄罗斯与白俄罗斯合作的权威性和前景。

2017 年 4 月白俄罗斯总统卢卡申科在接受电视采访时表示：“现在建立一个具有所有固有属性（共同的宪法、统一的货币等）的联盟国家还为时过早。我们还没准备好。与其说白俄罗斯人民没准备好，不如说是俄罗斯人民和政府没准备好。但接下来，必须解决其他问题。目前为人民做的已经不少了，该看看经济方面的情况了。”②“俄白联盟不满足一般意义的国家属性：一致的公权力、领土和主权。但在现代社会中，这些属性已不再是国家运作的绝对必要条件。今天，跨国联盟和金融、产业集团都已超越国界，这就要求我们重新定义新的现象。特别是出现了‘准国家’的概念，一种类似国家的实体，但其特征（动态或统计的）又是一套不完整的”③。

今天俄白联盟发展到了一个过渡阶段，这给组织健全有效的信息政

① Пастухова И. Б, “Союз России и Белоруссии: этапы, особенности, перспективы (конституционно – правовой аспект)”, Дисс. канд. юрид. наук. М, 2000, С. 125.

② Лукашенко: Белорусы и россияне не готовы к общей конституции и единой валюте [Электронный ресурс]. – URL: https://news.tut.by/economics/538609.html (дата обращения: 02.03.2020).

③ Миронов В. О., “Союзное государство России и Белоруссиив системе форм государственного устройства: проблемы идентификации и перспективы развития”, Автореф. дисс. доктора юридических наук Владимир, 2007, С. 35.

策带来了额外的挑战。俄罗斯—白俄罗斯联盟的立法和行政机构正在研究对外政策、联盟内及国内安全领域的联合项目，为两国的经济实体创造平等的经济条件，并针对俄罗斯和白俄罗斯贫困居民的养老金、医疗等领域建立可靠的社会保障体系。

俄白联盟的状态不能称之为稳定。尽管表面上俄罗斯和白俄罗斯领导人对一体化进程很感兴趣，但实质上在一体化问题上没有稳定的进展，政治行动的有效性极低。一些俄罗斯专家认为，建立联盟国家是一个没有发展前景的工程。他们反对俄罗斯和白俄罗斯结成联盟国家，只考虑将白俄罗斯作为一个行政区域单位纳入俄罗斯版图。这样的声音也经常出现在俄白两国媒体上。大多数白俄罗斯媒体代表指出，在平等、维护主权和国家独立原则的基础上建立一个联盟是权宜之计。俄罗斯媒体的专家和记者则一致认为，最合理的做法是建立一个单一的联邦制国家。

在俄白两国签署的文件中，俄白联盟国家被定位为国家。设立的主要领导机构包括：俄罗斯和白俄罗斯联盟议会、部长会议、最高国务委员会和联盟国常设委员会。这些机构负责处理俄白联盟发展的主要问题：批准预算、国家标志、听取部长会议主席关于联合项目实施和拟执行决定的报告。

“长期以来，俄罗斯是白俄罗斯的主要经济和贸易伙伴。与俄罗斯地区的贸易额占到了白俄罗斯对外贸易额的50%以上。与此同时，白俄罗斯也是俄罗斯的主要出口对象国，在俄罗斯的外贸营业额中排名第三，仅次于德国和美国。在独联体国家中，白俄罗斯是俄罗斯的第一进口国、第二出口国”。①

俄白间的经济互动表现为以下几个类型：第一，没有贸易壁垒的自由贸易区；第二，与第三国合作的共同海关规则和关税；第三，产品、劳动力和资本自由流动的共同市场；第四，两国根据共同市场规则商定和协调经济路线。

---

① Попов С. Ю.，“Союзные СМИ как инструмент информационной политики Союзного государства России и Белоруссии”，Дис. канд. филолог. Наук，РУДН. М.，2015，С. 36.

白俄罗斯的经济很难被称为市场经济，私有化数量很少，同时还有严格的国家监管。俄罗斯经济也有混合所有制形式的转型类型，然而自由市场和私人资本要广泛得多。在俄白联盟中，俄罗斯的资本很少。白俄罗斯当局有意避免国企私有化。为了实施这一互动，俄罗斯联邦和白俄罗斯共和国有一个单独的行动纲领，以执行《建立联盟国家条约》的规定。条约主要内容如下：

1. 协调关键的宏观经济指标和执行单一结构性政策
2. 统一民法
3. 统一税法
4. 制定和执行联盟国家预算
5. 统一贸易和关税政策
6. 一体化能源和运输系统
7. 统一的科学技术领域
8. 统一边境政策
9. 协调执法机构和情报机关的行动①

俄白联盟国家成立 20 年以来，两国在政治、经济、人文、军事、海关等关键领域深化一体化合作，建立了大量有效的合作机制。这其中也存在不少问题，因此两国在一体化过程中不断调整前进路线。现如今两国已经不再执着于建立一个形式上统一的国家，有统一的宪法和统一货币，而是在保持各自国家主权和领土完整的基础上继续一体化发展。同时依然存在许多需要双方共同解决的问题，其中一个最为棘手的问题便是盈利实体经济的经营所有权。白俄罗斯的私有化进程与俄罗斯有所不同，许多盈利企业归国家所有，国家试图阻止包括俄罗斯人在内的外国人成为这类企业的所有者。与此同时，白俄罗斯的经济严重依赖进口原材料和能源，这就意味着白俄罗斯将不得不亲近更能满足其经济需求的国家。当前，俄罗斯与白俄罗斯都是对方重要的对外贸易伙伴，没有俄罗斯的白俄罗斯，寸步难行。同样的，失去了白俄罗斯的俄罗斯，也

① Попов С. Ю. , “Союзные СМИ как инструмент информационной политики Союзного государства России и Белоруссии”, Дис. канд. филолог. наук, РУДН. М. , 2015, С. 23.

意味着其失去了一个重要的经济、军事伙伴，更是失去了位于欧洲的前哨。经济可以填补政治的真空，经济和能源的紧密合作比任何协议更能使两国关系更加密切。因此，我们有理由相信，俄白一体化作为后苏联时代国家间合作典范，将会继续向前发展。

白俄罗斯自由经济区发展现状与成效分析

蒲公英*

建设自由经济区是转型国家改善宏观经济结构，加强对外经济往来的重要手段之一。建设对外开放程度相对高的自由经济区不仅能够加强国家的外资吸引力，更重要的是能够为本国企业提供切实的优惠政策，从而为地区和国家经济的健康发展贡献积极力量。苏联解体后，白俄罗斯也走上了经济转型之路，与俄罗斯等后苏联时代地区国家相同，国有企业和重工业企业的现代化问题是制约白俄罗斯经济良好快速发展的重要因素。建设自由经济区成为了白俄罗斯推动国家经济转型发展的选择。

一、白俄罗斯自由经济区的建立

白俄罗斯的自由经济区出现在20世纪90年代中期。根据1996年第114号白俄罗斯共和国总统令《关于白俄罗斯境内的自由经济区》，白俄罗斯在其西部建立了第一个自由经济区——布列斯特自由

* 蒲公英，博士，四川外国语大学俄语学院副教授。

经济区。1998 年，根据第 93 号白俄罗斯总统令，明斯克自由经济区和戈梅利—拉顿自由经济区得以建立。同年底，白俄罗斯共和国正式颁布了《自由经济区法》。随后，白俄罗斯又于 1999 年和 2002 年兴建了维捷布斯克自由经济区、莫吉廖夫自由经济区和格罗德诺投资自由经济区。

白俄罗斯自由经济区的法律基础也在不断完善：2005 年 6 月 9 日，白俄罗斯总统颁布了名为《关于白俄罗斯境内自由经济区运行的若干问题》的第 262 号总统令；2006 年 1 月 31 日，白俄罗斯总统颁布了名为《关于在自由经济区内建立自由关税区的批准法令》的第 66 号总统令；2006 年 9 月 27 日，白俄罗斯共和国部长会议颁布了《关于白俄罗斯共和国境内自由经济区入驻企业效率评定标准》的决议；2009 年白俄罗斯对《自由经济区法》进行了修订；2015 年白俄罗斯共和国政府修订了《关于白俄罗斯共和国境内自由经济区入驻企业效率评定标准》。

随着欧亚经济联盟的建立，白俄罗斯自由经济区也面临了巨大的挑战。根据欧亚经济联盟内部协定，自由经济区是国家领土的一部分，即为关税同盟成员国领土的一部分，在自由经济区也要执行自由关税区的海关程序。根据当时即将颁布和生效的《欧亚经济联盟海关法典》，欧亚经济联盟将取消自由经济区入驻企业向欧亚经济联盟成员国供应货物的海关优惠。面对这项挑战，2016 年 12 月 30 日白俄罗斯共和国总统卢卡申科签署总统令，旨在最大程度减轻本国自由经济区入驻企业的税务负担，具体措施有：在自由关税区海关程序不开放的情况下，自由经济区入驻企业可通过将商品转至内销海关程序，以免除进口商品增值税；不计土地用途，统一免除入驻企业在自由经济区的国有土地租金。同时，为了保持白俄罗斯自由经济区的竞争力，保障 6 个自由经济区对投资拥有同等吸引力，该总统令将自由经济区的运行期限统一为 2049 年 12 月 31 日，还降低了对入驻企业投资规模的要求——从 100 万欧元降至（自合同签订之日 3 年内投资）50 万欧元，以及在 2019 年 12 月 31 日之前免除自由关税仓库所有者在出库内销商品时需缴纳的增值税。

建立自由经济区对于正在摸索转型道路的白俄罗斯来说是一项具有尝试性意义的政策，白俄罗斯希望通过吸引外资，刺激出口，以支持私有经济和地区工业的发展，从而实现宏观经济结构的优化。白俄罗斯第一份关于建立自由经济区的总统令和《自由经济区法》都曾指出，建立自由经济区就是通过吸引外国直接投资和刺激出口来加速地区经济发展，《自由经济区法》还明确写道，建立自由经济区的目标是“推动白俄罗斯部分行政地区的经济社会发展，吸引投资，创建和发展以高新技术为支撑的出口导向型和进口替代型生产”。[①] 通过梳理白俄罗斯关于自由经济区建设的各类法律法规，其建立自由经济区的目标和任务可以归纳为：改善投资环境，吸引战略投资者，为引进高新技术和国外先进经验创造有利条件，提高现有生产效率，扩大进口替代生产，有效利用并发展地区基础设施建设，创造就业机会，不断扩大自由经济区辐射范围。

二、白俄罗斯自由经济区的管理与运行

在白俄罗斯，自由经济区具有明确的地理边界，均依各州主要城市而建。便利的交通条件是自由经济区运作至今的保障之一。

如表4—1所示，白俄罗斯的6个自由经济区分散分布在全国各个方位，其中，布列斯特自由经济区和格罗德诺投资自由经济区位于白俄罗斯西部地区，临近中欧；明斯克自由经济区位于国家中心地带；戈梅利—拉顿自由经济区、莫吉廖夫自由经济区和维捷布斯克自由经济区则主要临近俄罗斯的中央黑土经济区。白俄罗斯所有自由经济区所在各个地区的自然、社会和经济基础都各具特色。

---

① Закон РБ О свободных экономических зонах［Электронный ресурс］. – URL：https：//kodeksy – by. com/zakon_rb_o_svobodnyh_ekonomicheskih_zonah. htm（дата обращения：28. 02. 2020）.

表 4—1　白俄罗斯自由经济区建设与地理位置概况①

自由经济区	建立时间	地理位置	占地面积（平方米）
布列斯特自由经济区	1996 年	白俄罗斯西部，近白波边境	7231
明斯克自由经济区	1998 年	白俄罗斯中部	2791
戈梅利—拉顿自由经济区	1998 年	白俄罗斯东部，近白俄、白乌边境	4712
维捷布斯克自由经济区	1999 年	白俄罗斯东部，近白俄边境	2764
莫吉廖夫自由经济区	2002 年	白俄罗斯东部，近白俄边境	3339
格罗德诺投资自由经济区	2002 年	白俄罗斯西部，近白立、白波边境	4195

白俄罗斯自由经济区是动态发展的，依附城市资源而建，占地面积逐步扩大。从表 4—1 数据来看，白俄罗斯自由经济区的占地面积均在 2000 公顷以上，具有充足的土地资源开展各类经济活动。以戈梅利—拉顿自由经济区为例，该经济区在建立时包含农业用地和工业用地，工业用地中还包含了社会文化设施及住房，此外还划拨出闲置区域，用于新投资项目的开发和实施。因为自由经济区在建设之初已经有了通信网络、交通道路和农工器械生产基础，这使得入驻企业能够在短期内以最低的成本开始运营，从而在一定程度上提升了吸引力。白俄罗斯建设自由经济区的路径与其国情相符，在帮助国家利用闲置产区、改善地区企业经营状况的同时，也能够充分利用已有的基础设施降低投资成本，提高效率。

白俄罗斯所有自由经济区实行统一的管理机制，入驻企业遵循统一的法律规定。如图 4—1 所示，白俄罗斯对自由经济区的管理是自上而下的分层机制。自由经济区的重大法律规定和政策变更只有经过白俄罗斯总统批准后才可施行，如自由经济区的边界设定、税收政策等内容。作为中央管理机构，白俄罗斯共和国部长会议对白俄罗斯地方议员会议和白俄罗斯地方行政管理机关进行监管，同时也直接管理自由经济区的

---

①　笔者根据 6 个自由经济区官方网址信息与数据制作。www. fez. brest. by；www. gomelraton. com；www. fezminsk. by；www. fez – vitebsk. com；www. fezmogilev. by；www. grodnoinvest. com.（上网时间：2020 年 3 月 1 日）

重要人事任命——任命自由经济区管委会主任。自由经济区管委会是白俄罗斯自由经济区的行政管理机构，该管委会是国家机关，由政府设立。在白俄罗斯自由经济区管理机制中存在着一定的协调和制衡，如自由经济区管委会主任的人选须由白俄罗斯地方行政管理机关提名，副主任的任命也须由主任同地方行政管理机关协商决定。可见，自由经济区在白俄罗斯由国家和地区进行双重管理，其在国家统一的规划管理下，也拥有一定的地方自决发展权力。

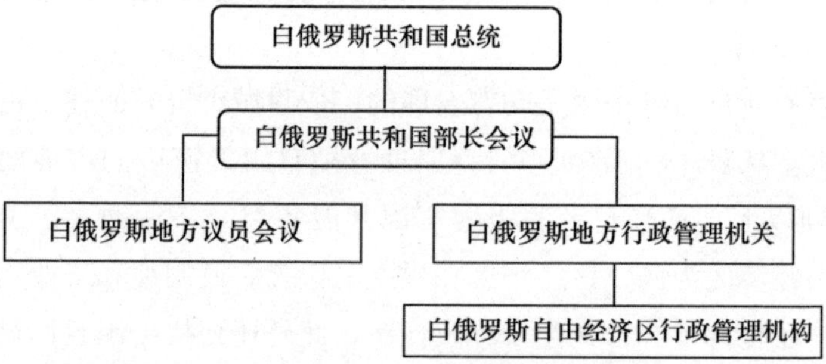

图 4—1　白俄罗斯自由经济区管理机制①

白俄罗斯自由经济区的运行具有综合性的特点，集生产和出口于一体。白俄罗斯共和国自由经济区具有法律规定的自由关税区地位，单独享有国家预算，自由经济区内通用的货币为白俄罗斯卢布。在白俄罗斯自由经济区内，国家保障投资者的投资与收益，并维护法律规定的投资者权利和自由。自由经济区内的非国有化项目和私有化项目可作为优先事项进行。

根据白俄罗斯法律规定，自由经济区享有特殊的法律地位和政策，具有更为有利的营商条件。如表 4—2 所示，与白俄罗斯全国同行税收政策相比，自由经济区的入驻企业在利润税、财产税、土地税、增值税和国家征收用于发放在白俄罗斯共和国从事劳动工作权利许可的税费方

① “Беларусь: Сравнительное исследование промышленных парков и особых экономических зон”, European Bank for Reconstruction and Development, 2018. 11, C. 65.

面享有相对的优惠政策。除此之外，入驻企业的投资金额若超过1000万欧元，可获得用于与投资项目建设相关的基础设施国家或地方拨款。

表4—2 白俄罗斯自由经济区入驻企业税收优惠政策明细

税种	自由经济区政策（优惠）	国家政策
利润税	1. 在2012年1月1日之前注册的入驻企业从2017年1月1日至2021年12月31日五年期间免缴利润税。 2. 在2012年1月1日之后注册的入驻企业自公布利润总额之日起十年期间免缴利润税。 3. 若入驻企业已超出以上两种情况时限，则在自由经济区运行期限——2049年前按国家利润税缴纳比例的50%执行。	18%
财产税	1%或 1. 入驻企业自注册之日起3年内获得的财产（不包括租赁财产）免缴财产税。 2. 入驻企业所生产的商品用作出口或出售给自由经济区其他入驻企业，则在自由经济区运行期限内免缴财产税。	1%
土地税	入驻企业自注册之日起五年内的建设期间免缴土地税	按土地价格进行缴纳
增值税	20%或在自由经济区内使用已缴纳关税的原料、设备及其配件进行生产，产出商品在欧亚经济联盟内进行销售，入驻企业则免缴增值税	20% （出口商品时为0%，包括向欧亚经济联盟国家出口）
国家征收用于发放在白俄罗斯共和国从事劳动工作权利许可的税费	0	为雇佣每位外国公民需缴纳约70美元

白俄罗斯自由经济区入驻企业除了要满足国家对投资金额的要求外，还须创立或发展出口型及进口替代型生产，同时禁止从事以下活动：生产、加工、储存和销售武器、弹药、爆炸物、爆炸装置、放射性物质、毒品和精神药物；生产香槟酒、葡萄酒和啤酒以外的酒精饮品；生产香烟；制造有价证券、纸币、硬币、邮票；博彩活动；编制和转播广播电视节目（提供广播电视技术服务除外）；治疗患有对公众健康构成巨大威胁的疾病的患者；治疗感染高危疾病的动物；从事与常住白俄罗斯与白俄罗斯境外的白俄罗斯公民、外国公民和无国籍人士劳动就业相关的商业活动。

三、白俄罗斯自由经济区建设成效分析

自 1996 年白俄罗斯建立第一个自由经济区以来，自由经济区已经在白俄罗斯连续存在并发展了 24 年，已经深度融入了白俄罗斯的国家经济发展进程中，自由经济区入驻企业的经营结构构成已基本定型，主要工业生产经营活动以化学工业、机器制造、金属加工、轻工业、食品生产和木材加工工业为主。在这 20 年中，自由经济区的发展也随着白俄罗斯和世界地区的经济形势而动。2011 年，在外部冲击下，白俄罗斯内在的经济政策与体制矛盾被激化，形成了经济危机，自由经济区作为白俄罗斯调节国家经济的工具之一，在 2011 年以几乎无限制的政策吸引了大量企业入驻，在 2011—2013 年经历了自身发展的高潮时期。随后，在乌克兰危机与西方制裁的背景下，俄罗斯的经济衰退对白俄罗斯经济产生了重大的影响，白俄罗斯经济在 2015—2016 年期间急剧下滑，白俄罗斯卢布大幅贬值，2016 年白俄罗斯发布新版货币，以 10000：1 的比例更换了白俄罗斯卢布的面值。白俄罗斯国家层面对自由经济区的财政支持大幅减少，加之受到 2015 年生效的《欧亚经济联盟条约》的部分影响，自由经济区在 2016 年之后进入了相对收缩与放缓阶段。

从 2018 年和 2019 年自由经济区对白俄罗斯宏观经济数据的贡献比

例来看，随着自由经济区多年来的发展，其在白俄罗斯的工业生产和商品出口方面已经占据了重要的位置，如表4—3所示，截至2019年，自由经济区的工业生产总值已占到白俄罗斯全国工业生产总值的15.3%，在商品出口方面，自由经济区对白俄罗斯的贡献比例已达到17.4%，同时，白俄罗斯全国9.6%的商品进口都是通过自由经济区得以完成实现。可见，白俄罗斯的自由经济区在多年的发展中已经完全融入了国家经济发展进程。

表4—3　白俄罗斯自由经济区对白俄罗斯宏观经济数据的贡献比例①

	2018年	2019年
工业生产	13.7%	15.3%
固定资产投资	5.8%	4.6%
商品出口	15.6%	17.4%
商品进口	9.2%	9.6%

在2016—2019年期间，白俄罗斯自由经济区总体发展进入了一个较2011—2013年时期相对收缩的阶段，但在2016年白俄罗斯发布新版货币后，随着外部压力的相对减少以及国家调控的逐步实施，自由经济区也开始呈现出良性发展态势。如表4—4所示，截至2019年底，共有421家企业注册入驻白俄罗斯经济区。从2016年起，自由经济区的就业人数一直保持增长，三年期间从12.4万人增长到了13.7万人，自由经济区新吸收了1.3万人次就业。在营业收入方面，自由经济区入驻企业三年来取得了持续向好的结果，营业收入总量从2016年的118.737亿白俄罗斯卢布增长到2019年的190.946亿白俄罗斯卢布，三年间的同比增长率分别是15.7%、22.4%和13.5%。需要指出的是，境外营业收入在白俄罗斯自由经济区总营业收入中占据了很大的比重，从

① 笔者根据白俄罗斯国家统计委员会官方网址数据制作。［Электронный ресурс］. – URL：https：//www. belstat. gov. by/ofitsialnaya – statistika/makroekonomika – i – okruzhayushchaya – sreda/statistika – malykh – territoriy/cvobodnye – ekonomicheskie – zony/（дата обращения：02. 03. 2020）.

2016 年至 2019 年分别是 64.5%、64.1%、62.7% 和 62.2%，可以看出，白俄罗斯自由经济区的入驻企业主要是以外向型企业为主，符合白俄罗斯建立自由经济区的初始目标。在企业净利润方面，白俄罗斯自由经济区在 2017 年和 2018 年经历了短暂的负利润时期，2019 年全年白俄罗斯自由经济区共获得了 10.923 亿白俄罗斯卢布的净利润，发展成效显著。在固定资产投资方面，在 20 余年的发展以及 2011 年后的高潮发展期过后，白俄罗斯自由经济区已经进入了一个相对稳定的阶段，在 2016—2019 年期间没有太大的起伏。在生产总额的数据方面，白俄罗斯自由经济区在营业总额方面的数据基本与其保持着同势增长，三年间的同比增长率分别是 13.1%、24.1% 和 17.0%。在商品进出口方面，白俄罗斯自由经济区的商品进出口总额一直保持着增长趋势，同时商品出口总额一直高于进口额，从同比增长率来看，2019 年白俄罗斯自由经济区商品进出口总额的同比增长率均较前两年有小幅下降。

表 4—4　2016—2019 年白俄罗斯自由经济区总体发展数据①

	2016 年	2017 年	2018 年	2019 年
入驻企业注册数量（个）	419	408	418	421
就业人数（人）	123549	122384	132324	136915
营业总额（百万白俄罗斯卢布）	11873.7	13737.3	16818.4	19094.6
白俄罗斯境外营业额（百万白俄罗斯卢布）	7657.5	8799.4	10549.2	11886.1
净利润总额（百万白俄罗斯卢布）	307.0	-41.8	-296.7	1092.3
固定资产投资总额（百万白俄罗斯卢布）	1341.1	1149.9	1408.4	1277.4
生产总额（按实际价格计算，百万白俄罗斯卢布）	10575.4	11959.8	14843.9	17369.7
商品出口总额（百万美元）	3783.2	4612.1	5210.4	5716.6
商品进口总额（百万美元）	2757.8	3043.3	3538.0	3766.5

① 笔者根据白俄罗斯国家统计委员会官方网址数据制作。[Электронный ресурс]. – URL：https：//www.belstat.gov.by/ofitsialnaya – statistika/makroekonomika – i – okruzhayushchaya – sreda/statistika – malykh – territoriy/cvobodnye – ekonomicheskie – zony/（дата обращения：02.03.2020）.

在法律层面白俄罗斯自由经济区拥有相同地位，享受着相同的国家政策，但由于地理位置、工业基础、基础设施以及地方管理等因素的差异，这6个自由经济区在发展规模上显现出较为明显的差距。如表4—5所示，经过对2019年白俄罗斯各自由经济区发展数据进行横向对比可以看出：在入驻企业数量方面，明斯克自由经济区以吸引了106家企业入驻位居首位，维捷布斯克自由经济区和莫吉廖夫自由经济区的入驻企业数量较少，总量不及明斯克自由经济区的一半。入驻企业数量低并不意味着就业人数低，在就业人数指标中，戈梅利—拉顿自由经济区以29705人的总数位居第一。特别需要关注的是，入驻企业数最低的莫吉廖夫自由经济区在就业人数上超越了明斯克自由经济区，位居第二，说明莫吉廖夫自由经济区入驻企业的劳动密集型特点显著。在员工月平均工资这项指标中，明斯克自由经济区以每月1345白俄罗斯卢布远超其他自由经济区，维捷布斯克自由经济区的员工月平均工资相对最低。在营业额方面，明斯克自由经济区和莫吉廖夫自由经济区分别位于第一和第二位，维捷布斯克自由经济区位居末位，同时，维捷布斯克自由经济区境外营业额占营业总额的比重达到73%，位于6个自由经济区之首，莫吉廖夫自由经济区境外营业额占营业总额的比重相对最低，为56%。在净利润指标中，位于前三位的分别是布列斯特自由经济区、明斯克自由经济区和格罗德诺投资自由经济区，利润最低的为莫吉廖夫自由经济区。在固定资产投资方面，格罗德诺投资自由经济区的固定资产投资总额高达3.935亿白俄罗斯卢布，远超其他自由经济区，获得固定资产投资相对较少的为布列斯特自由经济区和维捷布斯克自由经济区。在生产总额方面，位于前三位的分别是明斯克自由经济区、戈梅利—拉顿自由经济区和莫吉廖夫自由经济区，维捷布斯克自由经济区生产总额相对最低。在商品出口和进口总额方面，明斯克自由经济区以13.15亿美元的出口总额和11.23亿美元的进口总额均位居首位，并在进口总额上以较大差距领先于其他自由经济区；维捷布斯克自由经济区的商品出口总额相对最低；戈梅利—拉顿自由经济区的商品进出口总额差数最大，出口总额高出进口总额5439千万美元。

表4—5　2019年白俄罗斯各自由经济区发展数据横向对比①

	布列斯特自由经济区	戈梅利—拉顿自由经济区	明斯克自由经济区	维捷布斯克自由经济区	莫吉廖夫自由经济区	格罗德诺投资自由经济区
入驻企业数量（个）	71	69	106	47	38	74
就业人数（人）	21450	29705	24585	16671	24917	19587
员工月平均名义工资（白俄罗斯卢布）	1021	1025	1345	997	1028	1055
营业额（百万白俄罗斯卢布）	2423.0	3785.3	3974.8	1923.7	3929.3	3058.5
白俄罗斯境外营业额（百万白俄罗斯卢布）	1476.6	2365.1	2443.5	1404.6	2206.5	1989.8
净利润（百万白俄罗斯卢布）	256.6	191.3	236.4	94.7	86.9	226.4
固定资产投资额（百万白俄罗斯卢布）	135.3	193.9	207.3	106.1	241.3	393.5
生产总额（按实际价格计算，百万白俄罗斯卢布）	2148.0	3518.1	3899.6	1389.8	3563.4	2850.8
商品出口额（百万美元）	729.3	1070.5	1315.0	575.7	1081.7	944.4
商品进口额（百万美元）	519.0	526.6	1123.1	401.9	639.1	556.8

总体来看，白俄罗斯的6个自由经济区的发展和生产规模不一，但基本都呈现出良好的发展态势，其中明斯克自由经济区是白俄罗斯入驻企业数量最多、生产规模和生产总额最大的自由经济区，在人员工资以及企业净利润方面也都居于领先地位，这与明斯克自由经济区紧挨作为白俄罗斯首都和经济中心的明斯克市密切相关，良好的地理交通位置、工业发展基础、基础建设设施以及科教人力资源是明斯克自由经济区吸

① 笔者根据白俄罗斯国家统计委员会官方网址数据制作。［Электронный ресурс］. – URL：https：//www. belstat. gov. by/ofitsialnaya – statistika/makroekonomika – i – okruzhayushchaya – sreda/statistika – malykh – territoriy/cvobodnye – ekonomicheskie – zony/（дата обращения：02. 03. 2020）.

引投资和保障自身发展的有利因素。

结　语

实践表明，白俄罗斯自由经济区的建立与发展有效地吸引了投资，带动了地方就业与经济发展，在国家经济发展中起到了不可或缺的重要作用。从 20 世纪末起，白俄罗斯意图通过建设自由经济区来推动地区的经济社会发展、吸引投资，发展出口导向型和进口替代型生产的目标基本得以实现。现实表明，从创建之初至今，所有自由经济区都实现了入驻企业以进行出口导向生产或进口替代生产为主的目标。但在引进和发展高新技术、提高生产效率方面，白俄罗斯自由经济区还有较大的发展空间。白俄罗斯在自由经济区内实行统一的优惠政策与管理，这在一定程度上保障了地区经济的平衡发展，避免了因发展自由经济区而引起的恶性竞争，但从长远来看，这样的“一刀切”政策并不利于白俄罗斯经济结构的持续优化。

尽管取得了一定成效，白俄罗斯自由经济区的未来发展仍面临着多方面的挑战。首先，白俄罗斯是一个积极参与进出口贸易的国家，对俄罗斯市场高度依赖，同时商品出口集中度较高，白俄罗斯自由经济区也是如此，这就使得自由经济区的未来发展面临着极高的外部风险。其次，欧亚经济联盟的成立和运转对白俄罗斯自由经济区的发展也产生着重要影响——欧亚经济联盟对成员国自由经济区的政策规定施加了限制，特别是在关税优惠方面，这在一定程度上降低了自由经济区对投资者的吸引力，也增加了自由经济区入驻企业的生产成本。尽管白俄罗斯已经出台了补偿政策，但长远来看，随着欧亚经济联盟的扩大发展，其对自由经济区的影响或将进一步扩大。最后，在当前全球新冠肺炎疫情的背景下，白俄罗斯自由经济区的生产和进出口活动将遭受巨大冲击，如何对抗疫情影响将成白俄罗斯自由经济区必须面对的重大挑战。

白俄罗斯孔子学院发展现状及前景

张金萍*

2019年是中华人民共和国成立70周年及中国——白俄罗斯教育年。中白两国在这一年，不仅继续推进政治、经济、科技等领域的合作，同时着重加强了教育领域的交流。白俄罗斯教育部部长伊戈尔·瓦西里耶维奇·卡尔边科在2019年中白教育年表彰大会上提到，“目前大约有4000名中国公民在白俄罗斯境内学习，这一数字在过去的3年间增长了近三倍，并且还在持续增长。有大约1000多名白俄罗斯学生在中国学习。截止到2019年，两国之间的大学已经签署了350多项直接合作协议，中国与白俄罗斯之间的关系越来越紧密”。①“一带一路”的大背景下，中白两国之间的文化交流日益加深，白俄罗斯孔子学院也发展得如火如荼。白俄罗斯的孔子学院依托中国汉办的发展理念，结合当地的教育情况，寻求自身的特色发展，目前已经成为当地汉语教学及汉语文化推广方面的主力军。

一、白俄罗斯孔子学院概况综述

自2006年白俄罗斯第一家孔子学院落成于白俄罗斯国立大学后，

---

* 张金萍，四川外国语大学俄语学院硕士研究生。

① Дзве краіны – агульныя мэты. ［Электронный ресурс］. – URL：2019. http：//edu.gov.by/.（дата обращения：10.04.2020）

截至2020年白俄罗斯共开设了6家孔子学院，分别是明斯克国立语言大学孔子学院（2011年创办）、白俄罗斯国立技术大学科技孔子学院（2013年创办）、戈梅利国立大学孔子学院（2017年创办）、白俄罗斯国立体育大学孔子学院（2019年创办）、布列斯特国立大学孔子学院（2019年创办）。这6家孔子学院在中国汉办总体发展方针指导下，依托国内创办高校及白俄罗斯合办高校的教育平台，面向白俄罗斯民众，广泛开展汉语教学、文化推广及学术研究活动，助力白俄罗斯教育事业的发展，在白俄罗斯掀起了一波又一波的中国热。

1. 白俄罗斯孔子学院的教学设置

随着“一带一路”合作的深入发展，中白两国各领域的合作日益密切，在白俄罗斯催生了大量的汉语学习需求，加之目前在白俄罗斯开设汉语系的高校并不多，仅明斯克国立语言大学在2018年正式成立了白俄罗斯高校的第一个汉语系，因此大多数人都选择到孔子学院学习汉语。在教学设置上，除了在当地合作高校本部开设的孔子学院汉语课程之外，白俄罗斯的孔子学院还与首都明斯克及明斯克以外的各大城市的学校开展联合办学，在各大城市的大学及中小学开设了孔子课堂和汉语课程，覆盖了几乎全白俄罗斯的汉语学习目标人群。

以明斯克国立语言大学孔子学院为例，孔子学院2019年度一共有16位汉语教师志愿者和1位本土汉语教师。在明斯克国立语言大学本部开设了汉语学习课程，授课教材为2006年北京语言大学出版社出版的《新实用汉语课本》，课程形式为一对多或一对一，一对多班级一学期授课总课时数为84个课时，学生按照1—10级的汉语水平划分班级，2019—2020年度明斯克国立语言大学孔子学院一共开设了20个班级，学生总人数共计约230人，学生大多为明斯克国立语言大学的学生及社会人士。

2. 白俄罗斯孔子学院的办学模式

白俄罗斯孔子学院采用“本部+教学点”这种特色鲜明的办学模

式。除了在明斯克国立大学孔子学院本部开设的课程外，明斯克国立语言大学孔子学院还和白俄罗斯各大城市的高校及中小学合作设立了11个汉语教学点，分别是格罗德诺一中、莫吉廖夫国立大学、莫吉廖夫三中、瓦罗仁一中、莫洛杰奇诺六中、莫洛杰奇诺十中、司马列维奇第二中学、鲍里索夫三中、鲍里索夫第十二中学、巴拉诺维奇第七中学、明斯克十六中。国际关系学院维捷布斯克校区拥有格罗德诺一中和莫吉廖夫三中两个孔子课堂。明斯克国立语言大学孔子学院在每个教学点都派遣了一位汉语教师志愿者，负责该教学点的汉语教学活动及中国文化活动的开展。合作教学点以中小学为主，面向低龄初级汉语学习爱好者，各个教学点开设班级数较多，学生人数亦呈日渐上升趋势，如格罗德诺一中2019年开设了20个班级，学生总人数为111人；莫吉廖夫三中2019年开设了12个班级，学生总人数为171人。2019年第一学期，明斯克国立语言大学孔子学院在白俄罗斯各地的教学点一共接收学生共计约1160人，满足了白俄罗斯不同地区、不同人群对汉语学习的需求。

在明斯克国立语言大学孔子学院行之有效的办学模式影响下，白俄罗斯其他孔子学院也基本采取了这种“本部＋教学点”的办学模式，极大地拓展了孔子学院的教学范围，满足了白俄罗斯当地人民的汉语学习需求。

3. 白俄罗斯孔子学院的特色课程

在教学内容上，白俄罗斯孔子学院也有创新之举，如白俄罗斯国立技术大学科技孔子学院创建于2013年，是白俄罗斯也是全世界范围内第一所及唯一一所科技孔子学院，它对接国内东北大学、光学研究所及长春科技园，立足于白俄罗斯国立技术大学的科技研究中心，同时与中白科技园开展了广泛合作。其教学对象大多是中白科技园或白俄罗斯科学院的科研人员，教学内容也因人而异，高级班课程加入科技翻译等内容，先后为白俄罗斯国立技术大学的汽车、能源、建筑、物流等专业开设了汉语学分课程。白俄罗斯国立技术大学科技孔子学院以培养科技汉语人才为目标，在“一带一路”框架下中白两国科技领域交流日渐加深的情况下，着重培养掌握汉语的白俄罗斯科技人才，通过孔子学院的平台，促进了中白两国科技领域的交流合作，这种把不同专业学科内容融合于汉语教学的课程设置，充分体现了白俄罗斯孔子学院的办学特色。

二、白俄罗斯孔子学院的文化推广

孔子学院作为一个非营利的教育机构，教学活动一直是主体。但是不同于一般的教育机构，孔子学院是国家汉办在全世界范围内设立的以推广汉语教学和传播中国传统文化为目的的机构。汉语教学是其根本，文化推广是其精神内核，因此，孔子学院作为一个教育机构有其特殊性。其与普通语言教学活动不同的是注重中国文化的推广。文化推广活动不仅能让语言教学生动起来、鲜活起来，同样也能给学生的学习增加新鲜感和兴趣点，这既是我们扩大自身文化影响力的重要手段，也是孔子学院一直特别重视中国文化推广活动的原因所在。

白俄罗斯拥有六家孔子学院，且主要集中在首都明斯克，面对对中国文化感兴趣的白俄罗斯民众，白俄罗斯孔子学院的文化推广活动一直都做得有声有色。白俄罗斯孔子学院的文化推广活动主要分线下和线上两种模式，线下为主，线上为辅。

线下的活动按照承办主体可分为三大类：

1. 由白俄罗斯各孔子学院单独举行的文化展示活动

这类活动大多在各个孔子学院的文化中心举行。活动展示内容为中华才艺和传统文化：书法、国画、武术、茶艺、剪纸、编织以及中国传统乐器古筝、二胡、琵琶演奏及教学等。参与活动的人员为所有对中国文化感兴趣的人，但是因规模较小，宣传范围有限，所以参与该类活动的人员往往是本校大学生。除此之外，孔子学院经常与高校合作，依托大学举办的各种艺术节、语言文化节、教育展等，将该类文化展示活动融入其中。

2. 由白俄罗斯各孔子学院合作举办的大型文化活动

白俄罗斯的各个孔子学院之间一直以来都是合作共赢的关系，这也是白俄罗斯的孔子学院给全世界的孔子学院树立的一个良好榜样。依托于国家汉办和中国驻白俄罗斯大使馆，白俄罗斯各孔子学院之间从来都不是各自为营的状态，相反，因为有着同样的宗旨和目标，白俄罗斯的孔子学院经常联合举办一些数千人规模的大型文化活动。如 2019 年 10 月 5 日，在明斯克市中心，由明斯克国立语言大学孔子学院主办，联合明斯克四家孔子学院及白俄罗斯其他城市的孔子学院合作教学点成功举办了“2019 孔子学院日”。该孔子学院日吸引了几千名明斯克及周边市民前来参加，由四家孔子学院合作当地高校联合奉上了长达 4 个小时的中国文化节目，表演者中有中国汉语教师志愿者，有中国在白俄罗斯当地留学生，同样也有白俄罗斯民众。这是一次中国文化展示活动成功走进当地民众生活的典型案例，同时也是白俄罗斯各孔子学院之间通力协作、合作发展的良好证明，它表明了白俄罗斯孔子学院的发展现状是积极向上，同时又合作共赢的。

3. 由当地政府或使馆组织举办的大型活动

除了各个孔子学院举办的文化活动之外，当地政府或者中国驻白俄罗斯大使馆经常举办一些官方性的文化推广活动。如 2019 年 9 月中国驻白俄罗斯大使馆举办了中华人民共和国成立 70 周年的庆祝互动，邀请各个孔子学院参加。2019 年 11 月，白俄罗斯教育部举办的中白教育年表彰大会，各孔子学院参与进行文化展示活动。2020 年 1 月，中国驻白俄罗斯大使馆举行了两场中国留白学生新春音乐会，白俄罗斯各大孔子学院联合进行才艺展示。

作为白俄罗斯孔子学院文化推广活动的创新形式，近年来，国家汉办也越来越重视线上平台上文化活动的发展。孔子学院线上的文化展示活动以在抖音等平台为主，各个孔子学院录制文化宣传相关视频，发布在自己抖音平台的官方账号上，汉办还会根据各个孔子学院的视频浏览量进行奖励。白俄罗斯孔子学院的文化推广活动总体来说满足了白俄罗斯民众了解中国、学习中国文化的需求。在首都明斯克以外的城市和地区，文化推广活动由孔子学院的各合作教学点负责筹备，派往各教学点的孔子学院汉语教师志愿者通过线上线下相结合的形式策划和进行。在互联网教学迅速普及的今天，线上汉语教学形式的优势也日益凸显出来。

三、白俄罗斯孔子学院的学术研究

在友好合作的大框架下，2019 年中白两国之间基于“中白教育年”开展了广泛的学术交流合作。“仅 2019 年一年，中白两国的高校间就签署了 32 项合约，孔子学院和白俄罗斯的 11 所高校展开了不同程度的合作，中国成立了 3 个白俄罗斯问题研究中心和中白合作科研基地”。[①] 作为一个以汉语教学和汉文化推广为目标的教育机构，依托国内外合作高校，孔子学院一直以来都拥有着十分丰富的学术资源。同时，孔子学院在促进国内外高校之间的学术交流、促进中外学术交流方面发挥着十分重要的作用。

白俄罗斯的孔子学院近年来在举办学术活动方面一直都表现得十分积极。立足于汉语教学，举办中白相关问题的学术研究活动不仅可以帮助孔子学院更好的发展教学，同时也成为了孔子学院作为一个教育机构的必经之路。抓住了这个关键点，白俄罗斯的孔子学院也走在了促进中白相关问题研究的前沿。

白俄罗斯国立大学孔子学院又称白俄罗斯国立大学共和国汉学孔子学院，同时也是白俄罗斯唯一一家示范孔子学院，作为唯一一家共和国汉学孔子学院，该孔子学院下设有共和国汉学研究所，同时积极开展中

① Итоги года образования Беларуси в Китае подвели в Минске. ［Электронный ресурс］. – URL：2020. http：//ctv. by/.（дата обращения：10. 04. 2020）.

国经济及中白相关问题的研究，不仅计划向中国学生出版白俄罗斯教科书，同时还和白俄罗斯国家科学院语言研究所合作，开展汉白和白汉词典的修订工作。

除了白俄罗斯国立大学共和国汉学孔子学院的汉学研究所之外，白俄罗斯的其他孔子学院也都一直注重学术发展。孔子学院经常举办或承办一些大型国际会议，如明斯克国立语言大学孔子学院在 2019 年 11 月举办的第三届中白教育论坛，就旨在探讨对外汉语教育的革新。孔子学院还会定期邀请中国或白俄罗斯知名学者举行中白问题相关的学术讲座。除此之外，孔子学院还会举办或承办一些中文竞赛活动，如一年一度的世界汉语桥大赛，就由当地各孔子学院通力合作。中学生中文奥林匹克竞赛都由各大孔子学院负责举行。孔子学院还为当地优秀的汉语学习者提供了孔子学院奖学金，并且负责举行 HSK 汉语水平考试、HSKK 汉语口语水平考试等大型考试。

四、白俄罗斯孔子学院的发展前景

和其他国家的孔子学院一样，白俄罗斯的孔子学院虽然在教学活动、文化活动以及学术活动方面有其出色之处，但仍不可避免地存在着一些问题。首先是孔子学院汉语教师志愿者的管理问题。白俄罗斯的孔子学院因为其一直采用“本部 + 教学点”的办学模式而延伸了孔子学院的办学范围，覆盖了更多的学生目标人群，但是也正因为这一特殊的办学模式，各孔子学院每年都要向其合作教学点输送汉语教师志愿者，这些在地方教学点工作的汉语教师志愿者，其教学及文化活动的举行绝大部分都要听从教学点学校的安排，但同时，教学点学校又会因其组织是孔子学院而无法对志愿者做到全权负责，这就很有可能导致两不管的现象发生。同时，对地方志愿者的教学活动及文化活动缺乏一个监管和考评机制。事实上，地方教学点文化活动的举办绝大部分是由志愿者策划和筹划，因此文化活动的数量和质量就很大程度上取决于志愿者的个人能力，而孔子学院和教学点学校对志愿者的两不管，就很有可能放任志愿者的不积极。一直以来，孔子学院举办的文化活动中，中国的汉语教师志愿者都是文化才艺展示的主力军，本土汉语教师因其是外国人，因对中华文化和才艺掌握水平不够的原因，大多对文化展示活动表现不积极，也很少会去主动策划筹备一场中国文化展示活动。再次就是目前全世界孔子学院面临的汉语教师资源缺少的问题。随着孔子学院在全世界范围内越办越多，随着中国国际影响力的日益提高，汉语热一次又一次的出现，随着“一带一路”倡议得到越来越多国家的响应和参与，世界各国对汉语教师的需求日益增高。面对全世界范围内对汉语教师的需求，国家汉办每年都会定期选派汉语教师志愿者，任期往往是 1 年，可以选择留任，但是留任一般不超过 3 年。汉语教师任期短在一定程度上会对孔子学院教学活动的连贯性产生影响。

孔子学院的成功“归结于其稳定的资金来源，多样化的办学模式，传播方式的与时俱进，规范化的管理制度，本土化的发展特征，对打造自身品牌提高知名度的重视”。① 得益于中国政策和白俄罗斯政策，白俄罗斯的孔子学院未来几年会一直平稳发展，但是想要取得更好更快的发展，白俄罗斯孔子学院可以考虑从以下方面优化发展：

建立完善汉语教师志愿者教学考评制度。国家汉办在每个志愿者任期结束后，会让任教机构对志愿者完成评价，但是这并不能保证任期中汉语教师志愿者的工作质量，因此，建立完善一个教学工作和文化活动双监管的考评制度，不仅可以督促汉语教师志愿者提高自身教学水平，同时也方便监督和管理地方志愿者，避免出现两不管的现象，也避免出现地方汉语教师志愿者教学和文化活动不积极的情况。

注重对白俄罗斯本土汉语教师中华文化才艺的培养。我们重视文化宣传活动，其本意就是要让中国文化走向世界各地，走进千家万户，让更多的人了解、学习和掌握优秀的中华文化。因此，孔子学院更应该注重对内部汉语教师的文化宣传，我们强调注重对本土汉语教师中华文化

---

① 李国青、万丁丁：《孔子学院发展的成就与经验探析》，《边疆经济与文化》2019 年第 11 期。

才艺的培养，不仅是出于我们文化宣传的目的，更重要的是要努力提高本土汉语教师文化参与的积极性，以及培养他们举办中华文化宣传活动的能力。

在白俄罗斯当地建立汉语教师培训基地。目前，孔子学院汉语教师志愿者存在任期短、稳定性差的问题，想要建立一个长久稳定的汉语教师选拔机制，就有必要考虑在孔子学院所在国建立汉语教师培训基地，由孔子学院和地方高校合办，孔子学院负责培训，并且与培训学员签署培训合格定期就业合同，从源头上解决孔子学院汉语教师缺乏、稳定性差的问题。目前白俄罗斯国立大学共和国汉学孔子学院已成立了汉语教师培训基地。

完善网络孔子学院，发展网络孔子课堂。2020 年初，受疫情影响，中国大部分高校都实行了远程教学，很多国家的孔子学院也开展了网上课堂这一方式，如白俄罗斯明斯克国立语言大学孔子学院。实行远程教学，一开始是被动的，但同时远程教学也让我们看到了未来发展的可能。实行孔子学院的远程教学制度，不仅可以维持孔子学院的发展，也可以解决当地汉语教师资源缺乏的问题。

白俄罗斯语言政策发展评析*

况心玲**

语言政策是国家在进行战略发展规划中的重要组成部分，直接反映了国家在一定发展阶段对语言问题的态度、国内语言的基本状况，也蕴含着国民思想意识、社会发展方向等方面的重要内容。白俄罗斯作为一个新兴国家，在地缘政治上有着特殊的地位，其语言政策越来越受到社会的关注。

语言政策的概念是多样的，到目前为止学界对它的定义还没有确定一个统一的标准。在语言学百科词典中语言政策被定义为“解决国家、社会语言问题的一系列思想原则和实践措施的综合体”。① 俄罗斯语言学家什维策尔认为，语言政策是国家、政党、阶级和社会组织采取的一系列综合措施，目的是改变或保存语言的现存功能，创新或维持现有的语言学规范。什维策尔观点中的关键是“改变” 和“维持”，也就是说语言政策不仅是为了保护一种语言的现状，还是为了应时代和社会要求对语言作出适当的调整。② 苏联语言学家和社会学家阿芙罗琳娜认为：

---

* 本文系四川外国语大学外国语言文学市级一流学科 2020 年研究生科研创新项目（项目编号：SISUWYXY202023）研究成果。

** 况心玲，四川外国语大学俄语学院硕士研究生。

① Языковая политика в Белоруссии：прошлое и настоящее. 2007 ［Электронный ресурс］. – URL：http：//mb. s5x. org/homoliber. org/ru/rp/rp030114. html. （дата обращения：18. 01. 2020）.

② Языковая политика：определение и характеристики. 2011. ［Электронный ресурс］. – URL：https：//cyberleninka. ru/article/n/yazykovaya – politika – opredelenie – i – harakteristiki. （дата обращения：18. 01. 2020）.

语言政策是国家、政党和某些社会阶层对语言功能和结构上进行有意识调节时所采取的措施制度，强调语言政策的有组织性和有针对性，其对象并不仅是语言本身，还包括语言的功能。① 可以看出，语言政策是国家或其他权力机构有意识地对语言进行干预时采取的一系列措施。语言政策旨在保护语言现状的同时根据需要做出适当改变。在语言政策框架内采取的措施不仅是针对语言的功能方面，也是对语言本身结构的调整。

国家或权力机关在推行语言政策时采取的措施主要分为三类。第一类是确定某种语言的地位，根据语言在社会生活和政治上所起的作用，通过立法规定或使该种语言成为国语、官方语言、通用语言、族际交流语等。第二类是对语言本身的规划，即语言标准的制定，字形和字音的规范、语法的统一。第三类是语言习得的规划。通过国家教育部门对语言获取的途径进行组织和管理。比如对外语学习来说，一般国家都会选择一种指定的语言强制性地让学习者学习，并将这门语言纳入国家重要的升学考试中。上述三类构成了语言政策的主要方面，因此在研究语言政策时都是必不可少的要素。而其中语言地位的确立对社会生活、民族关系等方面产生的影响最大，在语言政策中尤为重要。

一、白俄罗斯语言政策发展历程

白俄罗斯位于欧洲中心，地理位置十分重要，这片有着欧亚两洲“交通枢纽国”之称的土地自古就遭受了来自周边大国的争夺，其语言政策的决定权都掌握在殖民者手中，几乎没有自主权。因此，作为民族语言的白俄罗斯语长期以来受到其他语言的压制，一直处于边缘化的地位，其坎坷曲折的历史是影响现代语言政策制定的主要原因之一。

---

① Языковая политика：определение и характеристики. 2011.［Электронный ресурс］. – URL：https：//cyberleninka. ru/article/n/yazykovaya – politika – opredelenie – i – harakteristiki.（дата обращения：18. 01. 2020）.

1. 基辅罗斯时期

862年，波洛茨克城堡建立，以此为中心建立起来的波洛茨克公国是白俄罗斯国家形成和发展的基础。[①] 这个时期生活在白俄罗斯土地上的东斯拉夫部落中流通着东斯拉夫语。10—12世纪时期，白俄罗斯大部分土地被基辅罗斯占领，与基辅罗斯内所有斯拉夫人一样这里通用古俄语。

2. 立陶宛大公国时期

13世纪蒙古入侵，白俄罗斯摆脱基辅罗斯的压制，古白俄罗斯语开始得到独立发展，白俄罗斯的语言文字形式也在这个时期初步形成。1462年加入立陶宛大公国后，古白俄罗斯语被确定为立陶宛大公国的官方语言。

3. 波兰—立陶宛联盟时期

1569年根据卢布林条约，立陶宛大公国与波兰合并后成立波兰—立陶宛联邦，古白俄罗斯语遭到波兰语的压制，波兰语代替古白俄罗斯语成为波兰—立陶宛王国的官方语言，白俄罗斯贵族之间也普遍使用波兰语作为交流的主要工具，而古白俄罗斯语只能在乡间流传。

4. 俄罗斯帝国时期

1772年第一次瓜分波兰后，叶卡捷琳娜二世就签署了一项法令，规定前波兰各省的所有州长在今后处理公务时都必须使用俄语。[②] 1775年俄国女皇叶卡捷琳娜二世联合普鲁士、奥地利第三次瓜分波兰后，波兰—立陶宛王国灭亡，白俄罗斯被划分给了俄国，从此开始了俄罗斯化

---

① 马莉娜：白俄罗斯语言政策调研报告，天津师范大学，2018年。

② Русификация Белоруссии. 2011［Электронный ресурс］. – URL：https：//www.bestreferat.ru/referat – 373828.html（дата обращения：22.01.2020）.

进程。但在保罗一世和亚历山大一世时期，俄国并没有采取重大措施来制止波兰文化和语言的传播，因此，波兰对白俄罗斯土地的影响迅速恢复。直到1830年波兰起义后，俄罗斯帝国才开始采取果断行动来强行推广俄语化政策，波兰语在白俄罗斯的地位逐渐被俄语取代。

5. 苏联时期

19世纪初白俄罗斯语的自主权问题已经开始出现，但总的来说1917年十月革命前，白俄罗斯语的地位都很脆弱，正如语言学家威克斯列尔所说的“孤儿的地位”。这之前在白俄罗斯被广泛使用的主要是波兰语和俄语。直到十月革命后，白俄罗斯语才逐渐在社会生活各个领域中得到广泛使用并开始被视为独立的东斯拉夫语。

1919年白俄罗斯苏维埃社会主义共和国成立，由于列宁提倡各民族语言平等的语言政策，作为苏联加盟共和国之一的白俄罗斯开始在社会生活各个领域积极开展白俄罗斯化，采取了一系列措施加大白俄罗斯语在政治、文化、生活中的使用范围并取得了很好的成效。根据白俄罗斯1926年人口普查结果，其中认为母语为白俄罗斯语的人口占67%，母语为俄语的人口占23.5%，母语为意第绪语的人口占7.5%，母语为波兰语的人口占1%。

20世纪30年代初期，苏联在白俄罗斯发起了反对白俄罗斯语的运动。同时，斯大林开始在各加盟共和国间推行俄罗斯化的语言政策，采取强制性措施大力推广俄语。大量的白俄罗斯学者和知识分子受到镇压，白俄罗斯语教师被解雇，白俄罗斯语在白俄罗斯国内的使用大大减少。1959年1月，在纪念白俄罗斯加入苏联四十周年招待会上，白俄罗斯共产党中央第一书记玛祖洛夫用白俄罗斯语发表了讲话。赫鲁晓夫对为什么演讲不是用俄语表示愤慨：“我们越早讲俄语，我们就越快实现共产主义。”① 自此，白俄罗斯语的地位更是不断下滑。

---

① 程小雨、常颖、于鑫磊：《苏联解体前的白俄罗斯语言政策研究》，《边疆经济与文化》2013年第8期，第153—155页。

二、当代白俄罗斯语言政策

20 世纪 80 年代末白俄罗斯民族意识觉醒，开始了“白俄罗斯语的第二次复兴”运动，并采取了一系列强制推广白俄罗斯语的政策。1990 年 1 月 26 日，其通过了《白俄罗斯苏维埃语言法》，使白俄罗斯语具有国家地位。随之通过的白俄罗斯语和其他民族语言发展的国家计划也大大扩展了白俄罗斯语的使用范围，促进了教育机构中白俄罗斯语的教学，并增加了白俄罗斯语在政府机构、执法机关等官方组织和社会生活各个领域中的使用。但受制于政治、社会经济、历史遗留等因素，俄语在白俄罗斯的影响并没有被完全抹去，这场具有政治意义的白俄罗斯化运动反而引发了国内俄语使用者的抱怨和抗议。人们对使用白俄罗斯语这一种官方语言的现状并不完全满意，根据 1993 年的一项调查显示，有 60. 2% 的受访者希望国家的官方语言为白俄罗斯语和俄语，而支持仅将白俄罗斯语作为官方语的人只有 22. 7% 。[①]

1994 年卢卡申科担任总统后，就“是否赋予俄语和白俄罗斯语一样平等的国语地位这一问题”在 1995 年进行了全民公决，其中参加投票的人有 83. 3% 回答“是”，只有 12. 7% 的人表示拒绝。根据该次公决的结果，其在之后 1996 年宪法中规定：“白俄罗斯共和国的官方语言是白俄罗斯语和俄语。”至此白俄罗斯双国语政策开始执行。

白俄罗斯双国语的语言政策是在充分考虑了国内语言状况、国家政治和经济局势等方面后制定的。

首先，白俄罗斯双语政策实际上属于历史遗留问题。长期以来，白俄罗斯与俄罗斯有着非常密切的联系，俄语在白俄罗斯具有十分悠久的历史和丰富的文化积淀，这归咎于在俄罗斯各个不同历史阶段中统治者强制推行的“俄罗斯化”政策，使在白俄罗斯形成了习惯使用俄语的

① Языковая ситуация в Беларуси. 2015. https：//revolution. allbest. ru/languages/00545175_0. html. ）（上网时间：2020 年 1 月 25 日）

语言状况，俄语与其本体民族语言有着不相上下的地位，甚至比白俄罗斯语的使用更为普遍，这是俄语成为该国国语的主要原因之一。

其次，历史上白俄罗斯作为大国博弈的主战场和争夺的目标，一直都是在夹缝中生存，没有实现独立，当然也无法自主决定国家的语言政策，白俄罗斯语在这样的条件下也很难实现自身的发展。白俄罗斯语以文字形式的出现最早是在 13 世纪，而现代白俄罗斯书面语语法的规范却是从 19 世纪才开始的。1830 年与白俄罗斯语有关的民族志作品开始出现，激发了学者研究语言的兴趣。1840 年，民族学家什比列夫斯基根据明斯克地区的方言开始筹划白俄罗斯语的语法编写，但书稿由于缺乏科学性被拒绝出版。1870 年，诺索维奇编写了第一本《俄语白俄罗斯语词典》，1918 年塔拉什科维奇编写的《中小学白俄罗斯语法》教科书是现代白俄罗斯语法规范的重要依据。直到苏联解体以前，白俄罗斯语都未能成功形成十分完善的语言体系，所以其语言使用习惯受到苏联时期俄罗斯化政策的影响特别大，影响甚至遗留至今。

此外，白俄罗斯双国语政策还受到俄罗斯的影响。白俄罗斯与俄罗斯是一衣带水的邻国，两国之间在军事、防务、经济贸易等方面保持着密切的合作。白俄罗斯资源匮乏，很大部分油气都是从俄罗斯以优惠协议低价进口，能源和经济上对俄罗斯依赖比较明显。面对北约的不断东扩、欧洲对白俄罗斯的施压，白俄罗斯只能向俄罗斯寻求依靠，而俄语作为联系白俄罗斯和俄罗斯的纽带，在白俄罗斯不可避免地占据着重要位置。

综上所述，俄语成为白俄罗斯国语是由于历史、政治经济局势等多方面影响造成的，而白俄罗斯语作为本族语言成为国语则是白俄罗斯民族形象的体现。

三、白俄罗斯语言政策发展趋势

历史上白俄罗斯一直处于被占领和被统治的境地，其语言政策在不同的阶段有着不同的发展方向。独立后白俄罗斯双国语的语言政策由于没有经历长时间的实践考验，以及受到国内语言状况和国际形势等的影响缺乏稳定性。许多人对白俄罗斯语的地位感到担忧，认为白俄罗斯语可能面临被俄语取代甚至走向消亡的危险。联合国教科文组织也将白俄罗斯语列入了《世界濒危语言地图集》名单中。国际社会上甚至还产生了“白俄罗斯是否会被俄罗斯吞并?”这样的疑问。由此可见，白俄罗斯语言政策发展趋势及俄语在白俄罗斯地位等一系列问题如今深受学界和社会的关注。

首先，俄语的国语地位是可以被肯定的。俄语是独联体的工作语言，在世界范围内的普及程度远远超过白俄罗斯语。俄语在白俄罗斯占有优势地位，其使用范围甚至超过了白俄罗斯语，俄语已经成为白俄罗斯人民普遍使用的交际语言这一事实不容易改变，甚至白俄罗斯人自己也觉得说俄语比较有“前途”。白俄罗斯总统卢卡申科也曾指出，决不能放弃俄语这一宝贵的历史遗产，否则将会失去更多。当然，为了提升国家地位、增强民族独立意识，白俄罗斯不可能像在苏联时期那样允许俄语在国内蓬勃发展，对其采取一定的限制措施是理所应当的。但这种限制措施应当是温和的，循序渐进的，是根据国内语言状况不断进行调节的结果。

此外，白俄罗斯国语地位也不会轻易被取代。语言是民族的象征之一，语言的保存和维护不仅是文字的流传，还是该民族文化的传承，没有自己的本体民族语言就不可能实现国家真正的独立，维护白俄罗斯语国语地位可以凝聚白俄罗斯民族的独立意识、增强民族认同感。历史上白俄罗斯语的发展几经波折，在遭受了来自各殖民国的多方压迫后都顽强地生存了下来。而独立以来白俄罗斯与俄罗斯的合作，从 1996 年的俄白共同体到 1997 年的俄白联盟，再到 1999 年升级为俄白联盟国家的发展过程中，白俄罗斯也都一直强调主权。因此，白俄罗斯绝不会放弃白俄罗斯语这一象征国家独立与民族认同的本体语言。

白俄罗斯一直与俄罗斯保持着比较亲密的关系。但近年来，两国之间在能源供给价格等方面产生了一些不可忽视的矛盾。同时，由于俄罗斯受到西方制裁，俄语在世界的地位有所下降，并且白俄罗斯也有意识地想要重振本体民族语言的威望，提高民族认同感，导致俄语在白俄罗斯的地位受到严重的影响。由于国内外形势的限制，俄语在白俄罗斯的优势地位还不容忽视，甚至在今后很长时间都可能会保持今天的局面。

白俄罗斯双国语政策就像一把双刃剑，维持了国家稳定和经济社会发展的同时，也引发了国内激烈的争议。但总体来看，目前的政策是处理两种语言最好的解决方案。俄语和白俄罗斯语就像天平的两端，舍去任何一端都会导致白俄罗斯国内形势的动荡与不安。舍弃俄语，只会让白俄罗斯局限于自我封闭的狭小空间，不利于国家的发展。舍弃本族语言就会让民族丧失生命力，难以得到传承，最终可能还会面临消亡的危险。因此，就像白俄罗斯一直致力于在俄罗斯与西方国家之间维持一定的平衡关系一样，白俄罗斯语言政策也应该会在俄语和白俄罗斯语中寻求某种平衡，并将以一种更加合理的方式一直存在下去。

结　语

白俄罗斯是一个多民族国家，也是一个典型的双语国家，其语言政策为其他有着相似历史背景和语言状况的国家在处理相关语言问题时提供了一定的经验和教训。

语言状况比较复杂的国家在制定语言政策或选择官方语言时应当权衡各方利弊，全面考虑所有制约因素，不能带着强烈的目的性采取强制性措施去推广语言政策，急于求成往往会产生相反的效果。如在苏联解体和白俄罗斯独立后，为了增强民族意识，白俄罗斯政府迫不及待地采取了一系列激进的措施对白俄罗斯语进行推广，但事与愿违，由于没有充分考虑到国内语言实际状况，遭到了民众的抵抗，许多教师学生集体罢课、市民举行集会等来抵制政府采取的强制性措施。新生语言在国内的普及需要一个长期循序渐进的过程，国家在改革初期就想通过强制手段按自己的意愿扭转现有的语言状态，甚至利用一些损害另一种语言的方式来达到自己的目的，无疑会激发民众的不满情绪，造成新的矛盾冲突。

多民族国家制定多元化语言政策有一定合理性。当今世界多民族多语言的国家比较多，为了避免本体民族语言与实用语言之间产生冲突而采取双国语政策这一情况在其他国家也很普遍。双国语政策虽然也存在一些不利因素，但总体来说“象征国语+官方语言”这种模式不仅是本体民族存在的体现、文化和文字的传承，也符合社会平等的原则，是国家进行管理、建设发展和维持稳定的需要。

白俄罗斯媒体“一带一路”报道分析

——以白通社为例

莫　燕*

白俄罗斯位于欧亚运输走廊的十字路口，它是欧亚大陆至欧盟及大西洋港口的重要通道。白俄罗斯是最早公开响应和表示支持“一带一路”倡议的国家之一，这对于“一带一路”倡议的实施具有重要的战略意义。在现代社会，媒体不仅是权威的即时信息来源，还是国际事务中有影响力的参与者，因此加强与白俄罗斯的文化交流和联系，在媒体上塑造中国的正面形象对“一带一路”倡议的推进至关重要。在此背景下，对白俄罗斯媒体有关“一带一路”倡议的报道进行整理、分析有利于掌握白俄罗斯对“一带一路”倡议的态度，了解白俄罗斯媒体对“一带一路”倡议的关注点，以期能够更好更准确传播“中国方案”的核心要义。

本文选取白俄罗斯通讯社自2013年“一带一路”倡议提出以来与之相关的报道作为样本，采用内容分析方法对白俄罗斯媒体“一带一路”倡议报道的数量、议题、倾向和特点四个层面进行归纳和分析。本文分析将围绕着以下几个问题展开：白俄罗斯媒体对“一带一路”倡议的报道数量呈何等趋势变化？原因何在？白俄罗斯媒体对“一带一路”倡议的报道议题分布有何特点？为什么？白俄罗斯媒体塑造了怎样的“一带一路”倡议形象？出于什么原因？

---

* 莫燕，四川外国语大学俄语学院硕士研究生。

一、白俄罗斯媒体关于“一带一路”倡议的报道量

媒体报道不仅反映客观现实，还主导并影响着公众的认知，这一点在涉外报道上体现的尤为明显。为了体现研究对象的代表性，本文选取具有白俄罗斯国家新闻机构官方地位的权威通讯社——白通社的报道为研究对象，将“一带一路”倡议自提出以来的全部新闻报道作为样本进行分析。样本选择日期限定为2013年9月至2019年12月。在白通社官方网站上键入“一带一路”“丝绸之路经济带”关键词后共搜索得到622篇新闻报道。在对所有新闻进行分析梳理之后，共得到有效报道377篇。

从图7－1可以看出，2013年白通社并没有进行“一带一路”相关的报道，说明“一带一路”倡议刚提出时，白俄罗斯对于这一倡议的真实目的持观望态度。随着“一带一路”倡议得到国际社会广泛认同和支持，白俄罗斯的态度发生了改变，并逐渐意识到这一倡议或许能够成为未来经济发展的一大契机。在“一带一路”倡议提出几个月之后，也就是在2014年4月4日，白通社刊载了中国驻白俄罗斯大使崔启明先生的一篇题为《一加一大于二!》的采访报道[①]，采访中崔启明大使对中国和白俄罗斯就“一带一路”框架下合作的前景进行了展望，并着重讲述了在“一带一路”框架下合作中的政策沟通、设施联通、贸易畅通、资金融通和民心相通五个方面的合作内容。2014年白通社对“一带一路”倡议的报道仅有3篇。2015年3月28日，中华人民共和国国家发展改革委、外交部、商务部联合发布了《推动共建丝绸之路经济带和21世纪海上丝绸之路的愿景和行动》，从时代背景、共建原则、框架思路、合作重点、合作机制等方面对“一带一路”进行阐释，标志着“一带一路”倡议从构想进入了发展和建设的阶段。白通社对

① Один плюс один – больше двух!，Белта，2014－04－04. https：//www. belta. by/interview/view/odin－pljus－odin－bolshe－dvuh－4094（上网时间：2020年2月8日）

“一带一路”的报道量也开始逐年增加，呈现上升的趋势。

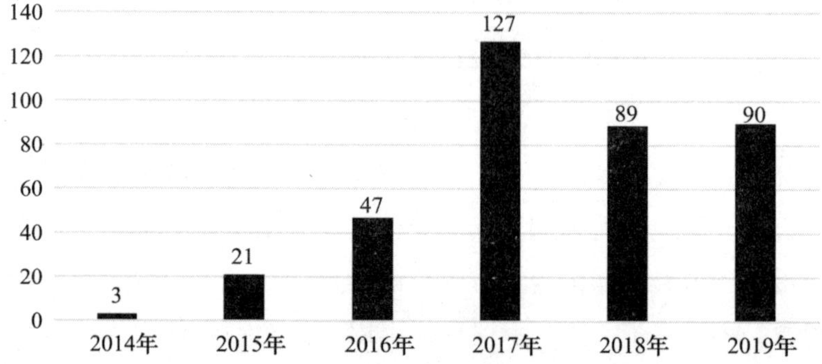

图7—1　白通社“一带一路”倡议报道量统计

白通社对“一带一路”倡议的关注和报道量与中白关系的日渐紧密不无关系。自2013年两国元首共同签署《中华人民共和国和白俄罗斯共和国关于建立全面战略伙伴关系的联合声明》之后，中白关系全面提速。2015年和2016年两国元首实现互访，双方高层互访频繁。2016年中白两国签署《关于建立相互信任、合作共赢的全面战略伙伴关系的联合声明》，宣布发展全天候友好关系。稳固的双边关系使得白俄罗斯可以放心地对接两国社会经济发展战略并且进入加深伙伴关系的下一步。在这样的背景下，白俄罗斯积极地在“一带一路”框架下开展与中国的交流合作，包括经贸投资、区域交流、科技教育和文化旅游等方面。2018年，白俄罗斯各地区和中国各省市代表团互访高达65次。甘肃省、广东省、湖北省、湖南省、四川省、重庆市、青岛市等中国各省市都与白俄罗斯各州市建立了良好关系。[①] 在此基础上，白俄罗斯各地区和中国各省市的经贸往来也比以往更加密切。2018年1月至7月，白俄罗斯和中国之间的贸易额接近20亿美元（较2017年同

① 《驻白俄大使带您回顾2018中白大事件，展望2019新征程!》，https：//www. sohu. com/a/286301028_819063（上网时间：2020年2月8日）

期增长 129%)。[1] 参与共建“一带一路”带来的切实利益使白俄罗斯逐渐意识到该倡议不仅仅是一种经济合作伙伴关系的概念，白俄罗斯总统亚历山大·卢卡申科曾多次提到，“一带一路”倡议首先是一种国际合作理念：只有和平合作、共同发展才能实现繁荣。这也是白俄罗斯媒体对“一带一路”倡议报道数量增加的最主要原因。

二、白俄罗斯媒体关于“一带一路”倡议的报道议题

在笔者筛选出的 377 篇有效报道中仅有 62 篇报道标题以“一带一路”和“丝绸之路经济带”为主题，其余的报道大多是通报以“一带一路”倡议为背景开展活动的相关介绍，或是在“一带一路”框架下的各方面合作进展情况，抑或是对“一带一路”倡议进行简单的介绍和解读。从图 7—2 可以看出，白通社的“一带一路”倡议相关报道主要集中在经济、政治、世界新闻和社会四大主题，其中经济报道数量最多。其他分类中还包含着有关采访、地区合作、技术、观点和公司新闻的报道。

虽然政治互信和文化交流是“一带一路”倡议中的发展方向，但是促进经济要素有序自由流动、资源高效配置和市场深度融合，推动沿线各国实现经济政策协调，从而促进各方携手应对世界经济面临的挑战始终是其核心内容，经济报道数量最多也就不足为奇。“一带一路”倡议为两国贸易合作项目的开展提供了新的机遇，也注入了新的活力。经济报道的主要议题有中白“巨石”工业园、亚投行、欧亚经济联盟和“一带一路”对接、“一带一路”框架下的合作和论坛开展情况等。在经贸合作相关的报道中，与物流运输有关的新闻数量也较多，白俄罗斯的地理位置决定了它在“一带一路”建设中重要的运输走廊地位，白俄罗斯媒体对探寻本国在“一带一路”建设中的优势具有较大兴趣。

---

① Мясникович：“В Беларуси уверены в долгосрочном и эффективном развитии сотрудничества с Китаем”，Белта，2018. 09. 21.

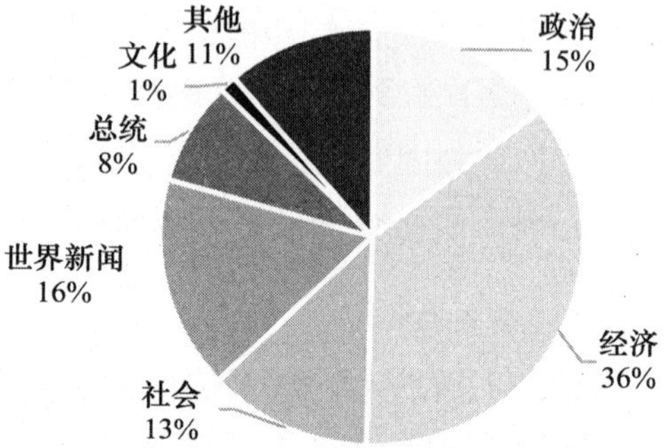

图 7—2　白通社“一带一路”倡议相关报道主题比例构成

政治报道的议题主要聚焦在中国“一带一路”国际合作高峰论坛、欧安组织丝绸之路支持小组、上合组织和“一带一路”倡议、欧亚经济联盟和“一带一路”对接、两国代表团互访和中白关系等。总的来说，政治议题的报道主要是围绕着重大的政治事件和项目进展进行集中报道。世界版块的报道主要是转载其他参与到“一带一路”建设中国家的新闻。总统版块共有 30 篇报道，其主要内容都是白俄罗斯总统亚历山大·卢卡申科对“一带一路”倡议以及中白关系的认识和解读，足见白俄罗斯对“一带一路”倡议的重视。

在梳理了所有涉及“一带一路”倡议的相关报道之后，可以发现有以下几个出现频率较高的议题：

1. 中白“巨石”工业园

中白“巨石”工业园是所有报道中出现频率最高的议题。中国—白俄罗斯工业园是迄今为止中白两国经贸合作领域最大的合作领域。工业园位于白俄罗斯首都明斯克近郊，在明斯克国际机场附近，交通便捷，由中白两国合资建设。工业园重点发展的项目是电子信息、生物医药、精细化工、高端制造、物流仓储等产业。目前已有来自中国大陆和中国台湾、日本、韩国以及欧洲国家的企业入驻，截至 2019 年 10 月，已有 55 家企业入驻中白工业园。工业园的行政主管亚历山大·雅罗申科在接受记者采访时表示，到2020年底中白“巨石”工业园的入驻企业数量可能会达到80家。[①] 可以认为，“巨石”工业园是工业领域国际合作的一个范例。

2. 欧亚经济联盟与丝绸之路经济带的对接

2014年，俄罗斯、白俄罗斯和哈萨克斯坦三国领导人在哈萨克斯坦签署了《关于建立欧亚经济联盟的协议》，其基础正是此前成立的俄白哈关税同盟。有专家认为，欧亚经济联盟和“一带一路”倡议具有互补性，能够相互促进、合作共赢。2015年中俄两国元首签署了《关于丝绸之路经济带建设和欧亚经济联盟建设对接合作的联合声明》，声明表示俄方支持丝绸之路经济带建设，愿与中方密切合作，推动落实该倡议。白俄罗斯国民会议共和国院主席米哈伊尔·米亚斯尼科维奇在接受采访时表示白俄罗斯对“一带一路”倡议和欧亚经济联盟对接感兴趣，白俄罗斯不会仅仅只考察这些项目，还会为对接创造条件。[②]

3. “赫尔辛基—2”与“一带一路”倡议

2017年在明斯克举行的第二十六届欧安组织议会大会开幕式上，白俄罗斯总统卢卡申科谈到了关于在欧安组织中构建新的赫尔辛基进程的必要性，卢卡申科将之称为“赫尔辛基—2”，他希望将这一进程与中国的“一带一路”倡议结合起来，因为这将有助于确保白俄罗斯及周边领土的和平和安全。长远来看，白俄罗斯建设“一带一路”有利于促进东欧和独联体地区的稳定和发展。

4. 欧安组织丝绸之路支持小组

丝绸之路支持小组于2017年在明斯克举办的第二十六届欧安组织

---

① Количество резидентов “Великого камня” к концу 2020 года может увеличиться до 80, Белта, 2019. 10. 24.

② Беларусь заинтересована в сопряжении инициативы “Один пояс и один путь” и ЕАЭС, Белта, 2018. 05. 04.

议会大会上成立，与会的有来自奥地利、阿塞拜疆、意大利、吉尔吉斯斯坦、蒙古、俄罗斯、塞尔维亚、土耳其、瑞士的议员和商界代表，该小组通过发展运输走廊，简化运输和贸易程序及措施，促进人员、货物、服务和投资的自由和安全流动，发挥促进经贸互利关系的平台的作用。这与“一带一路”倡议的活动和发展方向是一致的，这一点也体现在该小组的第二届国家议会会议最后声明《一带一路：为了可持续发展和繁荣而深化合作》中。

5. 华为公司助力白俄罗斯数字经济建设

华为公司是最早入驻中白“巨石”工业园的中方企业之一。在现代世界中，信息技术在双边联系中起着重要作用。白俄罗斯也非常重视在“一带一路”框架下与中国在这一领域的合作与发展，华为公司是在信息技术领域连接白俄罗斯和中国的桥梁。

从以上五个高频议题我们可以看出，白俄罗斯对“一带一路”倡议的核心要义理解十分精准。白俄罗斯没有局限于只与中国开展合作的框架内，而是希望各方秉持共商、共建、共享的原则，携手并进，实现优势互补、互利共赢，不断朝着人类命运共同体方向迈进。所以即使在没有中国参与的国际、地区组织中，白俄罗斯也积极以“一带一路”倡议为主题开展合作，足见白俄罗斯对“一带一路”倡议的认可。白俄罗斯本身也秉承互利共赢的原则，积极寻求利益契合点，施所长、尽所能，把自己的优势和潜力充分发挥出来。这一点也体现在 2015 年 8 月 31 日白俄罗斯颁布的《关于发展白俄罗斯共和国与中华人民共和国双边关系》第 5 号总统令中。该总统令要求：以白俄罗斯参加建设“丝绸之路经济带”和“21 世纪海上丝绸之路”构想为出发点，更新和协调白俄罗斯已通过的促进交通、物流、通信、海关基础设施现代化的国家目标。[①]

---

① 赵会：《白俄罗斯与“一带一路”》，《欧亚经济》2017 年第 4 期。

三、白俄罗斯媒体关于“一带一路”倡议的报道倾向

正是因为中国和白俄罗斯两国高层交往频繁，政治互信不断加强，在“一带一路”框架下的合作和贸易往来不断畅通，白通社对“一带一路”倡议的报道除了数量上有上述由少及多的变化之外，内容上还有由浅及深的变化。2014 年和 2015 年白通社的报道大多围绕着“一带一路”倡议介绍、白俄罗斯在“一带一路”建设中的潜力、中白两国地区合作前景等主题展开。从 2016 年开始白通社的报道明显细化，开始对中白两国在“一带一路”框架下展开的合作进行详细报道。

从报道的倾向来看，白通社对“一带一路”倡议的报道都是积极或是中性的，这一点从表 7—1 中可见一斑。白通社倾向于将“一带一路”倡议与“国际合作平台”“人类命运共同体”和“互利共赢”等观点联系起来，这反映了白俄罗斯对“一带一路”倡议的认可和期待。2017 年白俄罗斯总统卢卡申科在北京参加第一届“一带一路”国际合作高峰论坛时表示“一带一路”倡议不仅重绘了世界经济地图，创造了新的经济增长点，还形成了一种新型的国际关系，旨在协调所有经济机构并消除阻碍商品、投资和人员自由流动的障碍。白俄罗斯是欧洲第一个、也是世界上第一个全方面加入丝绸之路经济带建设的国家之一并为此感到自豪。① 值得注意的是白俄罗斯不仅大力发展与中国的合作，还积极寻求在“一带一路”倡议框架下与别国的合作。2019 年 2 月 13 日，在题为《白俄罗斯和波兰同意在“一带一路”倡议中协同配合》的报道中这样写道，两国将会在“一带一路”这个全球化倡议下协力建设基础设施，促进贸易物流发展。②

---

① Лукашенко на саммите в Пекине призвал страны к совместному мирному и взаимовыгодному развитию, Белта, 2017. 05. 15.

② Беларусь и Польша договорились о взаимодействии в инициативе “Один пояс, один путь”, Белта, 2019. 02. 13.

为了进一步总结白俄罗斯媒体对“一带一路”报道的倾向特点，笔者对标题中的高频词汇进行了统计，发现除了人名、地名、国民和专有名词之外，标题中出现频率最高的词汇有“合作”“投资项目”“前景”“潜能”“拜访”“会晤”“互相影响”等。不难看出，中白两国在“一带一路”框架下的合作态势良好。事实上，“一带一路”倡议实施以来，白俄罗斯从推动国内经济发展与促进对外开放的角度出发，不断深化对华合作，积极挖掘中白两国合作潜力。

表7—1 白通社“一带一路”倡议报道代表性标题展示

时间	类型	标题
2019年3月26日	世界新闻	欧洲积极寻求参与“一带一路”项目——默克尔
2017年10月18日	世界新闻	中国将在“一带一路”倡议下促进国际合作
2017年9月19日	社会新闻	“一带一路”倡议促进广泛的人道主义交流
2017年7月11日	总统新闻	卢卡申科谈“一带一路”倡议：白俄罗斯应把握历史性机遇
2017年6月15日	政治新闻	白俄罗斯和中国积极公开对话以实施“一带一路”倡议
2017年5月15日	观点文章	“一带一路”倡议将会对白俄罗斯的经济产生越来越大的影响
2017年5月14日	世界新闻	“一带一路”倡议为国际对话开辟新道路
2017年5月12日	世界新闻	“一带一路”为国际合作提供新思路
2017年5月11日	观点文章	“一带一路”将成为欧洲和亚洲合作的品牌

总的看来，白通社有关“一带一路”的报道大多是对事实进行客观陈述。客观报道可以让读者自行产生判断，例如报道中的合作进展情况、项目工程进度和贸易额数量等客观信息很容易让读者感受到“一带一路”倡议带来的影响。

结　语

一直以来，白俄罗斯媒体对“一带一路”倡议的报道能够做到客观公正且倾向正面和积极，数量也维持在较高水平。这样的媒体报道情况有利于“一带一路”倡议在白俄罗斯的推进，针对白俄罗斯媒体对“一带一路”倡议的报道情况，在进一步的对外宣传报道过程中，我们可以从以下两个方面推进相关工作：

1. 适当增加文化版块的新闻交流，加强文化交流以实现民心相通。白通社对“一带一路”倡议的报道议题较为单一，经济和政治类报道居多，文化版块的新闻数量微乎其微。文化交流是“一带一路”倡议中最为重要的合作内容之一，也是达到民心相通的首要途径。除了向外宣扬中华文化和传达丝路精神以外，也可以适当转换报道角度，如从一些小人物和小的题材出发，从普通人的角度出发来谈论自己眼中的“一带一路”，这样更加贴近生活，使读者产生共鸣，从而达到真正意义上的民心相通。

2. 对“一带一路”框架下的合作进行阶段性成果报道。有外媒质疑“一带一路”项目进展缓慢，这主要是因为“一带一路”是各方共同推进的长期事业，具体项目的实施推进有赖于参与各方的合作意愿并体现经济合作的客观规律，而且有些“一带一路”框架下的重大合作项目推进周期较长且没有明确的时间规定。对这些合作项目进行阶段性成果的报道，可以让民众快速了解“一带一路”框架下合作的最新进展，感受“一带一路”倡议带来的实实在在的好处。

阿列克谢耶维奇笔下孤独的人类之声

邵楠希*

一、引言

1986年4月26日凌晨，切尔诺贝利核电厂突发燃爆性火灾，大量的辐射烟尘随即覆盖了普里皮亚季小城，从睡梦中惊醒的居民瞬间进入了至暗的历史时刻。灾情发生以后，报纸杂志刊登了许多与事实相悖的文章，人们也争相阅览那些诸如“辐射区香菇长得像人头一样大”等不实的报道。切尔诺贝利的情况究竟怎样？白俄罗斯作家阿列克谢耶维奇认为新闻不应该仅仅是创作，而是记录事实真相。于是她冒着核辐射危险，深入普里皮亚季实地采访了上百位不同身份的受害人，以见证者的视角书写了切尔诺贝利的悲惨世界。她的行为得到灾区人民的支持与感激：“我就是你要找的那个人……你没有找错人。”① “您记下来吧，他们反复说，我们没有弄懂目睹的所有事情，可要让它们留下来……现在很多人已经死去，但他们及时留下了记录。”②

* 邵楠希，博士，四川外国语大学俄语学院副院长，教授。

① ［白俄］斯维特兰娜·阿列克谢耶维奇，孙越译：《切尔诺贝利的祭祷》，中信出版集团2018年版，第271页。

② ［白俄］斯维特兰娜·阿列克谢耶维奇，孙越译：《切尔诺贝利的祭祷》，中信出版集团2018年版，第31—32页。

时过经年，事件的亲历者已逐渐离去，灾难的记忆也渐行渐远，但阿列克谢耶维奇的纪实作品却永远留在了人们的心中。没有她的求实精神，我们将不会知道，那些冲锋在前的抢险队员以及家人所付出的惨痛代价；没有她的笔耕不辍，我们更不会知道，那些切尔诺贝利人所遭受的肉体与灵魂的创伤。她曾经说过：大家都读陀思妥耶夫斯基……在灵魂的后面又是什么？我们的灵魂后面，还是只有灵魂？陀思妥耶夫斯基是人类灵魂的探寻者，阿列克谢耶维奇在创作中传承了他的思想——一种从独立中探寻人类灵魂的思想。她在作品中不仅仅记述个体的独白及所涉及的事件，而且汇聚了众多各自独立的声音和思想，真切的再现了叙述人的处事观点、生活态度和内心体验，并通过主人公自思、自语等情感表白，揭示了其灵魂中隐秘的精神世界。

二、孤独的灵魂

大自然总是在惩罚敢于挑战它的人，最终却让无辜的人们承担了后果。当职权以鲁莽的行为肆意开发核能以后，曾经美丽富饶的普里皮亚季变成了生命的禁区。“麻雀从我们村子里消失了……它们四处躺着，在果园里，在沥青路上……金龟子不见了……也许，它们要一百年、一千年后才回来”。[①] 从此以后，辐射区的居民被称为“切尔诺贝利人”，成了到处被拒绝、被排斥的人。无论被安排到什么地方，那里的同胞们都像规避瘟疫一样排斥他们：“您发现了吗？我们这里没有人强调，我是白俄罗斯人，我是乌克兰人……大家都称自己是切尔诺贝利人……就像一个单独的人群。”[②] 他们被安置到一些陌生的地方，“儿子去上学，第一天就哭着跑回家……他被安排同一个女孩坐在一起，女孩不愿意，说他是被辐射过的，同他坐在一起，她也会死的……同学们都怕她，管他

① ［白俄］斯维特兰娜·阿列克谢耶维奇，孙越译：《切尔诺贝利的祭祷》，中信出版集团 2018 年版，第 349 页。

② ［白俄］斯维特兰娜·阿列克谢耶维奇，孙越译：《切尔诺贝利的祭祷》，中信出版集团 2018 年版，第 166 页。

叫‘切尔诺贝利刺猬’”。[①] 好像隔离区所有的人（包括他们的孩子）已经不再是本民族的同胞，而是另外一个物种，是一种“核子辐射体”。

在一个记者的笔记本中，留下了一段醒目的文字：“在医院里，听到一个小女孩告诉她的母亲：男孩死了，昨天他还给了我糖果。”[②] 女孩以纯真的童心表达了惋惜，而传达给母亲的，却是怕女孩也被感染的担忧。当他们中有亲人生病的时候曾经说：“我打电话给急救站，他们也知道我们家的情况，他们不愿意来：‘我们帮不了你……’”[③] 此时此刻的医生们，对待切尔诺贝利人好像可以不必履行治病救人的义务，可以选择性忘却其所尊崇的陀思妥耶夫斯基的谆谆教诲：“对于一个病人来说，仁爱、温和、兄弟般的同情，有时甚至比药物更灵。”现在讨论何种方法更灵已经不重要了，重要的是要把他们拒之千里，因为他们不是一般的病人，而是切尔诺贝利人，在切尔诺贝利受害者的字典里，是查不到同情与仁爱的。

当他们中有人死去的时候，那些人用生命的最后一息，深切的回答了“在灵魂的后面又是什么”的问题：在灵魂的后面，还是灵魂。但那已经不是一个东正教高尚的灵魂，而是一个被上帝遗弃的、孤独的死灵魂！他们默默地自语：“死不难，只是可怕。教堂没有了，神父也不会来了，没有人为我宽恕罪孽。”[④] 因为连死去的灵魂都会嫌弃他们：“死在莫斯科医院的切尔诺贝利消防员，被埋在莫斯科郊外的墓地，别人都不会把死者埋在他们的旁边，都要躲开他们”[⑤]，“于是他突然之间已经不是处于孤独之中了，而是处于某种可怕的虚空之中，某种无人的

① ［白俄］斯维特兰娜·阿列克谢耶维奇，孙越译：《切尔诺贝利的祭祷》，中信出版集团 2018 年版，第 239 页。

② ［白俄］斯维特兰娜·阿列克谢耶维奇，孙越译：《切尔诺贝利的祭祷》，中信出版集团 2018 年版，第 172 页。

③ ［白俄］斯维特兰娜·阿列克谢耶维奇，孙越译：《切尔诺贝利的祭祷》，中信出版集团 2018 年版，第 363 页。

④ ［白俄］斯维特兰娜·阿列克谢耶维奇，孙越译：《切尔诺贝利的祭祷》，中信出版集团 2018 年版，第 44 页。

⑤ ［白俄］斯维特兰娜·阿列克谢耶维奇，孙越译：《切尔诺贝利的祭祷》，中信出版集团 2018 年版，第 367 页。

真空之中”。[①]

然而，不管是生病还是死亡，那都不是压垮切尔诺贝利人灵魂的最后一根稻草，因为在他们的心灵深处还有未来，孩子才是他们唯一的希望。看到了那些“被压扁的，被肢解的，火灾后烧焦的孩子”[②]，他们更会像爱护眼睛一样爱护自己的孩子。当孩子被学校抛弃的时候，那些孤独的人类之声终于发出了切尔诺贝利的悲鸣：“您还记得吧……陀思妥耶夫斯基写的……人抽马那双温顺的眼睛。疯狂的人！不打马屁股，而是抽马眼睛。”[③] 在他们需要从灾难中走出的时候，人们却再一次重复了陀思妥耶夫斯基曾经的箴言——用孤立他们的行为去抽打那些孤独的灵魂。

三、复调的书写

“复调理论是由苏联文学理论家米哈伊尔·米哈伊洛维奇·巴赫金于1929年在研究陀思妥耶夫斯基的作品在艺术形式上的独特性的《陀思妥耶夫斯基的创作问题》中提出的”。[④] 它借用了音乐学中的术语“复调”，来说明小说创作文体中的“多声部”。阿列克谢耶维奇汲取了陀思妥耶夫斯基的创作方法，传承了其剖析社会问题的思想精髓，她的纪实文学赢得了诺贝尔文学奖委员会的高度评价：“她的复调书写，是对我们时代的苦难和勇气的纪念。”分析其创作中的复调艺术，我们来看看下面的一段对话：

“①我不知道，我如何才能生活下去……②早上醒来，我伸手去摸……他在哪里？……③我都不明白，我是怎么活下来的。④晚上女儿

---

① Мережковский Д. С.，“В тихом омуте”. Гоголь ичерт. М. 1991，С. 268.

② ［白俄］斯维特兰娜·阿列克谢耶维奇，孙越译：《切尔诺贝利的祭祷》，中信出版集团2018年版，第366页。

③ ［白俄］斯维特兰娜·阿列克谢耶维奇，孙越译：《切尔诺贝利的祭祷》，中信出版集团2018年版，第155页。

④ 张宪军：《俄国文学的“复调小说”传统》，《安徽文学（下半月）》2011年第12期，第12页。

来找我：⑤‘妈妈，我的作业做完了’⑥这时候，我才记起我还有孩子。而他去了哪里？⑦‘妈妈，我的扣子掉了。你给我缝上吧！’⑧我怎么去找他？怎么再见到他？”[①]

这是核事故清理人妻子的一段独白，8个小句的叙事从多个视角，沿着两条主线展开：其中①③⑧是主人公对作者的倾诉，她以受害者的角度向记者并通过记者向当局反复发问：丈夫因清理核电站去世后，她该如何生活下去？这种叙事作为一种问题表白的形式存在，就像一部未完成的开放性旋律，反复流淌着它的音符。一次又一次问句的节律重复，凸显了问题本身的深刻性和根本性。②和⑥是主人公面对突如其来的核灾难的内心独白，她以叙事者的角度开始诉说她失去丈夫后孤儿寡母的悲伤心情，充满着受害者的无辜和对世人的诉说。④⑤和⑦是以女儿的视角展开的另一条旋律，其中④依然是叙事者的口吻，但话语的身份开始出现转折，⑤和⑦则已经完全站在女儿的角度上，此时不仅话语的内容，连话语的语气也同女儿的一模一样。由此而形成了在同一段文本中并行着两个旋律的叙事艺术。在这复调的旋律中，叙事者与作者、叙事者与其女儿都存在着遥相呼应的对话关系，“当没有恰当的形式能直接表现作者的思想时，只有设法通过他人的话语，来折射出作者的思想”[②]。阿列克谢耶维奇通过叙事者的话语，直白而艺术的再现了主人公的境遇，从而充分揭示出人物的性格和事件的本质，凝练出一种真实而深刻的复调式书写。

四、贪婪的索取

人性中难以制衡的欲望，是伴随着贪婪而来的。虽然苏联拥有世界上最为雄厚的能源储备，却又觊觎向大自然索取那极具风险却又取之

---

① ［白俄］斯维特兰娜·阿列克谢耶维奇，孙越译：《切尔诺贝利的祭祷》，中信出版集团2018年版，第355页。

② 钱中文主编，白春仁、顾亚玲译：《巴赫金全集》，河北教育出版社2009年版，第251页。

不尽的核能源。曾经研究切尔诺贝利的历史学家亚历山大·列瓦利斯基说："我们是受过特殊的苏联信仰教育的：'人是主宰，是造物主的最高成就。他们可以为所欲为，可以对世界做任何事。'我们不能等待大自然的恩赐，我们要去索取……人要改变整个世界……用铁手打造人类幸福——这是什么心理，狭义唯物主义。"① 在一个超级大国突飞猛进的膨胀过程中，在人工应用核能的许多重要技术性问题——特别是危害的可控性问题还没有准确答案的时候，就急于向自然界进行疯狂的索取。正如前白俄罗斯科学院核能研究所所长瓦西里·鲍里索维奇·涅斯捷联科所指出的："建造切尔诺贝利核电厂，我们是按苏联式的方式在建造。日本人完成这样一个项目需要 12 年，而我们只需要 3 年……人类发明了技术，但并没有做好全部准备，他们与技术并不匹配。能把一支手枪交到孩子的手里吗？我们就是那些疯狂的孩子。"② 职权，对睿智者是一根治理的权杖，对贪婪者却是一把自刎的尖刀。人类最为深刻的认知，往往是伴随着灾难而来的。当人们陶醉于向自然界索取能源的胜利时，切尔诺贝利的爆炸带来了普里皮亚季的覆灭，这是大自然以其独特的方式对人类的惩罚。回望历史，在当初的技术条件下，建造切尔诺贝利核电厂的决策是否正确？让我们听听在核事故三周年纪念日集会上，两个孩子的母亲所做的回答：妇女带着两个孩子走上讲台说："我的两个孩子从小就不会笑，不会玩耍，不会在院子里跑跳。他们没有力气，就像老人一样。"③ 另一位妇女跪在切尔诺贝利儿童基金会主席面前说："救救我的孩子！你们把他带走吧！我们的医生诊断不出他得的什么病。他喘不上气来，脸色发青，他会死的。"④ 血的教训让人们从盲目浮躁的心态中蒙醒，它提示我们，创造人类世界的终究是自然，因

① ［白俄］斯维特兰娜·阿列克谢耶维奇，孙越译：《切尔诺贝利的祭祷》，中信出版集团 2018 年版，第 263 页。
② ［白俄］斯维特兰娜·阿列克谢耶维奇，孙越译：《切尔诺贝利的祭祷》，中信出版集团 2018 年版，第 331 页。
③ ［白俄］斯维特兰娜·阿列克谢耶维奇，孙越译：《切尔诺贝利的祭祷》，中信出版集团 2018 年版，第 185 页。
④ ［白俄］斯维特兰娜·阿列克谢耶维奇，孙越译：《切尔诺贝利的祭祷》，中信出版集团 2018 年版，第 18 页。

此人类应该对自然界怀有一颗敬畏之心，把社会发展建立在保护生态环境的基础上，在大自然和谐的怀抱中构建人类命运共同体。

五、无尽的乡愁

人们都说记忆中的故乡永远不会改变，即便是在梦中也能够回想起它每一个细节。然而“切尔诺贝利人”的故土已然发生了太大的变化，普里皮亚季小城已经虚化为永远回不去、却也忘不了的乡愁。切尔诺贝利核电站位于乌克兰的普里皮亚季小城附近，在尘封已久的记忆中，那里曾经是一座风光秀丽的城市：有耸立的高楼大厦，宽敞的柏油路。冬天城市白雪皑皑，列宁大街上银装素裹；夏天路旁绿树成荫，以几何方案设计的“勃列日涅夫式”建筑群高低错落、生机盎然。城市的郊外有着广袤的黑土地，“那里的风景特别美，森林还是天然的、古老的，不是人工的。蜿蜒的溪流清澈透明，绿色的草地，人们在森林里相互呼唤”。[①] 普里皮亚季小城毗邻的村庄是盛产优质玉米和小麦的沃野，那本是一个既有自然原始生态林，又有庄园田野的地方。“自然是上帝赐予的礼物，是其自身演变的结果……也是历史的产物，是人类的设计，既是荒野也是耕作的田园”[②]。只是因为一场突如其来的核事故，那故乡的小城顿时失去了生机。白桦枯萎、云杉凋零，土地、水源被严重污染，1000 公顷森林逐渐死亡。这分明是“人类出生在自然但是转而又与自然作对，并导致了不幸的后果”[③]。普里皮亚季小城的 5 万居民被迫放弃了他们耕耘已久的家园，“我们离开了那里……拿一袋麦粒出来，留给上帝的鸟……然后给房子鞠了躬……给谷仓鞠了躬……给每棵苹果

---

① ［白俄］斯维特兰娜·阿列克谢耶维奇，孙越译：《切尔诺贝利的祭祷》，中信出版集团 2018 年版，第 258 页。

② Smith N. ,“Uneuen Deuelopment, Nature, Capital and the production of Space”, Cambridge: Basil Blackwell, Inc, 1984, p. 2.

③ Lefebvre H. ,“The Production of Space. Trans. Donald Nicholson – Smith, John Wiley & Sons AND Sons LTD”, Oxford, 1991, p. 116.

树都鞠了躬……爷爷摘下了帽子，向我们的家乡告别”[①]。“我们离开普里皮亚季的时候，我哭了，我要寻找食物和住所，还要抱着儿子，但我内心甚至没有一点儿想法，空空荡荡的”[②]。那些被迫撤离的人们，裹挟着受伤的身躯，肩背着空空的行囊，挥一挥手告别了故乡，心中只留下无尽的乡愁。

结　语

当一切成为过去，大地恢复了昔日的静谧与安详。天空飘着白云，“绿树的新叶长出来了，苹果树开满了白色的花朵，空气中都是稠李花的气味，雏菊盛开。一切都是那么生机勃勃。鲤鱼会不会和以前一样还有头和尾巴？狗鱼呢？……倦鸟是不是飞回来了，它们会不会有孩子？”[③] 在切尔诺贝利的土地上，因为太多没有答案的问题，荒芜的村庄直到今天依然无人居住。普里皮亚季俨然成为一座幽灵的小城，各种植物在废弃的建筑中无序的生长……切尔诺贝利的危害几时能够彻底消除？反应炉上覆盖的混凝土封闭设施会不会再次泄漏？这是萦绕在阿列克谢耶维奇心中不解的疑问。她选择了一种问题的视域去观察这个事故：“切尔诺贝利核爆是20世纪最重大的灾害事件，时至今日我还是不解，我所见证的究竟是过去还是未来？”她的设问是在提示我们：社会发展要建立在保护生态环境的基础上，不能重蹈切尔诺贝利的覆辙。其思想的深邃在于问题本身的根本性和深刻性。阿列克谢耶维奇的纪实文学作为一种揭示社会现实的复调书写，所反映的是一种求实与探索的精神。面对切尔诺贝利的生态灾难，她坚持历史性与真实性的统一，发出

① ［白俄］斯维特兰娜·阿列克谢耶维奇，孙越译：《切尔诺贝利的祭祷》，中信出版集团2018年版，第346页。

② ［白俄］斯维特兰娜·阿列克谢耶维奇，孙越译：《切尔诺贝利的祭祷》，中信出版集团2018年版，第239页。

③ ［白俄］斯维特兰娜·阿列克谢耶维奇，孙越译：《切尔诺贝利的祭祷》，中信出版集团2018年版，第347页。

了“孤独的人类之声”。尽管有人告诉她：当周围没有人类打扰的时候，大自然就开始焕发生机，进行自我恢复……很多动物会在这里重新生长。甚至有人告诉她：切尔诺贝利是欧洲最好的观鸟地点。然而，她以实地采访的第一手资料告诉我们：核污染的彻底清除至今依然是世界性难题，修复普里皮亚季区域生态环境任重而道远。那里的生物会不会发生变异？受到核污染的自然生态环境能否真正恢复再现？切尔诺贝利的灾难会不会再次重演？或许只有历史才能做出正确的回答。

从文学伦理学批评视角解析阿列克谢耶维奇创作中的反战意识

郑玥祎*

白俄罗斯纪实文学作家斯维特兰娜·阿列克谢耶维奇在2015年——反法西斯战争胜利70周年之际，以纪实性意味浓厚的口述实录小说创作荣获诺贝尔文学奖。在文学创作中，阿列克谢耶维奇始终聚焦20世纪重大历史事件亲历者肉体与心灵的双重苦难，通过被采访个体的私人话语烛照历史罅隙，以真实、忠诚的笔录形式无形地消解了后期文本加工的人为印记，尽可能地保持了口述者的语言风格，为文本增添了一份口头文学式的炽热。小说主要采取第一人称叙述为主的内聚焦叙事，有效缩短了读者与叙述者的心理距离，增强了文本的真实性与情感穿透力，体现了阿列克谢耶维奇试图为历史真相去蔽、尽力还原个人记忆空间的道德理念与艺术追求。在《我是女兵，也是女人》《我还是想你，妈妈》《锌皮娃娃兵》中，阿列克谢耶维奇以立足全人类福祉的伦理立场与冷峻客观的笔调，记录了人们在苏联卫国战争和阿富汗战争中遭遇的伦理困境与身份悖论，阿列克谢耶维奇的这3部小说成书于20世纪末，正是后现代文化迷雾弥漫、人道主义道德观念衰微之时。俄罗斯哲学家索洛维约夫认为："每个人本身就是一个道德存在物。"① 文学

---

* 郑玥祎，四川外国语大学俄语学院硕士研究生。

① Соловьёв В. С.，“Оправдание добра：Нравственная философия”，М.：Республика，1996. С. 249.

专注于描摹社会人生，常常与伦理问题紧密相连。文学伦理学批评立足伦理立场，对文学作品、作家等与文学相关问题进行研究，不仅坚持文学审美性，还强调了文学的社会净化功能，要求作家在进行文学创作之时，不忘承担社会与道德责任，帮助人类建立起高洁的精神空间。“‘文以载道’是俄罗斯文学一贯遵循的根本原则”,① 阿列克谢耶维奇曾不止一次地表示自己深受俄罗斯文学影响。实际上就文化精神与文学气质而言，她纯然是一名俄罗斯式的成熟作家。俄罗斯文学深沉厚重的人道主义精神、直面苦难勇于求真的道德品格以及文体上质朴抒情的诗性特征，几乎悉数体现在其创作中。记忆不仅是存在的佐证，也是未来的镜鉴，它可以“通过和关爱的内在联系与道德融合”。② 阿列克谢耶维奇拾取淹没在宏大的国家话语洪流中的记忆切片，摒除战争叙事的空洞能指与遮掩真实的历史修辞，归还小人物失落的话语权，希望通过恢复对苦难的记忆沟通人类情感，消除因遗忘产生的隔阂与冷漠，疗愈苦难者的精神创伤，从而达成和解与宽恕，体现了作家作品温暖的生命质感与强大的伦理功效。

一、战争语境下的身份悖论与伦理困境

在文学伦理学理论中，伦理困境是指在文学文本中因为出现伦理混乱而使小说人物不得不面对复杂的矛盾与强烈的冲突，伦理两难是“主要的伦理困境表现形式”,③ 伦理悖论则是在同一条件下做出的同一选择，却“出现了两种在伦理上相互矛盾的结果”。④ 在小说《我是女兵，也是女人》《我还是想你，妈妈》《锌皮娃娃兵》中，由于战争语境的极端性存在，导致众多不同社会背景、性别、年龄的主人公的伦理身份

---

① 任光宣：《俄罗斯文学简史》，北京大学出版社 2006 年版，第 83 页。

② ［以］阿维夏伊·玛格利特，贺海仁译：《记忆的伦理》，清华大学出版社 2015 年版，第 25 页。

③ 聂珍钊：《文学伦理学批评导论》，北京大学出版社 2014 年版，第 30 页。

④ 聂珍钊：《文学伦理学批评导论》，北京大学出版社 2014 年版，第 102 页。

与道德规范产生冲突，造成他们深陷身份悖论与伦理困境泥潭的严重后果。

小说《我是女兵，也是女人》是作家历时4年采访了数百位参加过卫国战争的苏联女兵写成的，也是阿列克谢耶维奇第一部口述实录小说。人们在与民族前途密切相关的侵略抑或反侵略战争中，极易向集体出让自己的权利，保持绝对的忠诚以求获得某种身份归属。当面对烽烟四起满目疮痍的祖国大地，这些普通的苏联女性在爱国主义热情的鼓舞与民族主义情绪的驱动下，积极响应苏维埃政府发出的军事征召，奔赴前线。但女性作为生命的缔造者与抚育者，母性的本能与责任在冰冷残酷的战场上势必要遭受极其惨烈的撕裂与冲击，其珍视个体生命价值的母亲身份与以杀生来捍卫国家利益的士兵身份所产生的身份悖论常常使她们面临更为复杂的伦理困境。

当参加过卫国战争的苏联女兵们在多年后回忆起自己第一次杀人的经历时，面上依旧难掩惊恐之色："当时我害怕极了，一个劲儿地哆嗦，简直能听到自己的骨头咯咯作响。我哭了。以前我朝靶子射击，压根儿不在乎。可是在这儿，我怎么把一个大活人给打死了？我，杀死了一个与我素昧平生的人。我对他一无所知，却把他打死了。"① 在传统战争理性道德思维下，人们常常仅从爱国主义角度论证战争的性质，并且被迫参战的一方往往占据道德的制高地，很少有人追问与思考战争中的"正义悖论"——所谓"还击方"的杀人行为是否正义。阿列克谢耶维奇用纠缠女兵数十年的梦魇指出了战争并无最后赢家，所有战争都会对生命造成难以逆转的伤害：表面上女兵们说着"自从看到烧焦的五星帽徽以后，不管杀死多少敌人，我都无动于衷了"，② 但实际上，战场上烧焦的皮肉气味即使在几十年后依旧萦绕在她们鼻尖，隆隆的枪炮声与刺耳的哭嚎依旧在午夜梦回之际回响在她们耳畔，使她们即使身处温暖的房间也如坠冰窖，只能"裹着一条厚羊毛毯，却还是浑身发冷"。女

① ［白俄］S. A. 阿列克谢耶维奇，吕宁思译：《我是女兵，也是女人》，九州出版社2015年版，第8页。

② ［白俄］S. A. 阿列克谢耶维奇，吕宁思译：《我是女兵，也是女人》，九州出版社2015年版，第8页。

性在俄罗斯文化语境中常常被视为崇高圣洁的美好象征，其温柔和善的女性气质在俄罗斯文学中被反复歌颂。但在战争语境中许多女性沦为残酷冰冷的带血符号，但与生俱来的和平的女性气质与女性思维使其难免陷入无尽的道德审判与自我谴责中，从而在伦理困境中艰难挣扎。民族主义作为一种“超个体”的价值，是苏联传统战争文学叙事中的最高价值形态。但阿列克谢耶维奇通过个人价值与民族主义的悲剧性美学冲突表达了对战争的厌恶，以女性在战争与后战争时代的悲剧性生命样态警示人们：即使是正义之战也无法弥补对个体生命的永恒伤害。

而作为母亲，在捍卫幼子生命和维护集体利益所面临的伦理选择则更为残酷。有的女兵抱着三个月大的婴儿去执行任务，因为只有母亲可以把药品藏在孩子的小手小腿之间，为此她不得不在过关卡前用盐和大蒜用力揉搓孩子，弄得孩子像生皮疹似的浑身发红，以便躲过德国人的仔细盘查；有的女兵为了记下敌军的布防，于是牵着女儿的手走遍全城，每当敌人质问她时，她就张着嘴巴装出一副痴傻的模样；有的女兵为了完成炸掉敌人饭堂的任务，不惜让自己的女儿提着装有炸药的篮子孤身一人走进敌营；有的女兵为了不让自己孩子的啼哭引来敌军，含着泪把新生儿活活溺死。俄罗斯传统文化将母亲形象视为对亲人抱有无私之爱的伟大存在，“母亲”形象甚至蕴含着拯救世上一切生命的弥赛亚精神。但在战争这一极端境地中，母性被浸染着鲜血的民族主义裹挟，并被血缘伦理与政治伦理进行双重挤压。在伦理两难情况下，女兵们往往最终选择成全民族大义，但这些被迫扼杀亲子的“新美狄亚”们所遭到的灵魂撕裂却是民族大义难以弥合的。作家以“审母”为叙事策略，解构了传统的理想母亲形象，揭示了战争的无情与残酷，体现了作家强烈的人道主义关怀。

小说《我还是想你，妈妈》作为一部由在卫国战争时期尚处于6至12岁的苏联儿童口述回忆构成的作品，与《我是女兵，也是女人》处在同一历史空间。阿列克谢耶维奇以共时性叙事方式让处于不同物理空间的女性与儿童同时在场，通过丰富的个体记忆剖面共同聚焦“卫国战争”这一历史事件，女兵对孩子的牵挂与对战事的厌恶、孩子对母亲的思念与对战争的恐惧在两部小说中相互交融。小说《我是女兵，也是女人》记录了多位苏联女兵在战争年代遭受的精神创伤，而在小说《我还是想你，妈妈》中也有以苏联孩童视角见证母亲参战后精神受到巨大打击的片段："原本活泼开朗的妈妈变得闷闷不乐沉默不语。"① 并且在小说《我还是想你，妈妈》中，孩子们作为"最后的证人"见证了人性在战争时期的异化现象：为了取乐，敌军飞行员驾机追着年幼的孩童射击；逃生的船翻了，孩子漂浮在水面上，法西斯分子们笑着用船桨拍打他们，就像拍皮球；德国人抢了苏联平民的食物，食物的香气诱得饥饿的苏联孩童向他们乞食，但德国人将滚烫的开水浇在年幼的孩子身上。面对种种惨状，孩子们觉得人间已是一片死寂，但在这寂静中响起了德国年轻人发自肺腑的大笑声。多年后已经长大的"最后的证人"们回忆起过去，不无惊讶地发现：在战争年代，自己似乎从未发现自然的美丽，那些碧绿的小草、洁白的沙、金黄的栅栏、美丽的稠李林在记忆中全部被涂上黑色的颜料，自己唯一的念头就是"尝一尝，看它能不能吃"，直到多年之后，自己才学会了单纯地为自然之美感到快乐。残酷的战争扼杀了许多孩子的理想，改变了他们的人生轨迹：一个怀揣飞行梦的男孩目睹了"我们的人被吊在了天上"的惨状后，对天空产生了永久的恐惧；一名舞蹈天赋极其出众的女孩因为战争不得不放弃了返回舞蹈学校学习的机会，多年后丈夫送给她一张歌舞剧院的票，她在整场演出中一直在哭泣。战争给儿童带来的苦果不禁使人扼腕叹息，但民族主义的过度宣传也使孩子们依旧产生了"战争在我们的想象中是一生最有意思的大事，是最大的冒险"的想法，甚至发出了"我们盼望着战争！我们是当代儿童，优秀的儿童"② 的呼号。战争毫无人性一面在当时的官方宣传中被刻意忽略，复刻英雄神话的想法在幼小的孩童心中生根发芽，甚至传给了他们的下一代。所以，在20世纪80年代阿富汗战争中苏联军队里出现了许多面孔尚且稚嫩的娃娃兵们也就不足为

---

① ［白俄］S. A. 阿列克谢耶维奇，晴朗李寒译：《我还是想你，妈妈》，九州出版社2015年版，第42页。

② ［白俄］S. A. 阿列克谢耶维奇，晴朗李寒译：《我还是想你，妈妈》，九州出版社2015年版，第42页。

奇了。

在小说《锌皮娃娃兵》中，“娃娃兵”指的是阿富汗战争时期从学校应征入伍、毫无战斗经验的16至20岁士兵，而“锌皮”则是装殓着这些死于阿富汗战场的苏联士兵的锌皮棺材，“锌皮娃娃兵”即死于阿富汗战争的苏联年轻士兵。在当时的官方宣传中，苏军正帮助阿富汗人民架桥修路，军医们正为阿富汗妇女们助产接生，很多苏联年轻人信以为真便踊跃参军，试图为伟大的“兄弟事业”添砖加瓦。自由自在、甚至应处于被保护地位的“娃娃”身份与严格执行军令、时刻处于危险境地的“士兵”身份本身已构成“娃娃兵”的身份悖论与伦理冲突。但到了阿富汗之后，娃娃兵们发现一切与自己想象的并不一样，此时充满高涨热情的伟大“国际义务履行者”身份和无所适从的可怜“受骗者”身份构成了“娃娃兵”的第二重身份悖论与伦理冲突。但是军令已然为这些孩子划定了新的道德规范。指挥官让士兵们时刻牢记自己应当有一双铁拳与一颗黑心，战场最无用的就是“良心”。洗脑式的命令逐渐使娃娃兵们变成冷血的战斗机器，“让我们往哪儿射击，我们就往哪儿射击”。[①] 此时遵守军令的合格“士兵”身份与冷酷无情的“杀手”身份构成了“娃娃兵”的第三重身份悖论与伦理冲突。回国后他们接受表彰，按上级的叮嘱编造、宣扬苏军在阿富汗的种种善行，此时善良可爱的“英雄”身份与油滑可憎的“骗子”身份构成了“娃娃兵”的第四重身份悖论与伦理冲突。但当真相大白之时，“娃娃兵”便从“英雄”的高台坠落，承受着千夫所指，但实际上他们同样是被操纵的政治牺牲品，此时不义的“施害者”身份与无辜的“被害人”身份构成了“娃娃兵”的第五重身份悖论与伦理冲突。阿列克谢耶维奇通过私密的个人言说，从伦理层面将“娃娃兵”复杂的身份抽丝剥茧，准确地还原了娃娃兵们在大历史中的被抛状态，消解了泛滥的英雄神话，粉碎了正史的虚假情怀，有力回击了当代权力世界的官方辩解，体现了作家生命至上的伦理意图与追求真实的道德取向。

---

① ［白俄］S. A. 阿列克谢耶维奇，高莽译：《锌皮娃娃兵》，九州出版社2014年版，第25页。

二、战争语境下的人性因子与兽性因子

斯芬克斯是古希腊神话中的一个半人半兽形象，它象征着人们对人类本质的永恒探寻。文学伦理学认为人正是由“斯芬克斯因子”——人性因子与兽性因子组合成的一种伦理存在。人性因子即伦理意识，它帮助人们辨清良善奸邪；兽性因子即非理性因子，是不明是非的动物本能在人身上的残留。当人性因子能够控制兽性因子，此人才能成为一个明辨善恶的理性之人。但在极端的战争语境下，人们往往主动抑或被动地丧失了理性思考的权利或能力。

在阿列克谢耶维奇的战争三部曲中，读者时常可以看到上级对下级的军事“教导”，比如指挥官告知士兵“思考”是上级的事，在战场上士兵不需要良心，只需要“走得快”与“射得准”。于是善恶界限被人为地模糊了，仇恨如遮天蔽日的沙暴一般侵袭了人的心灵，摧毁了人脑中的理性之弦，人性因子就此处于被贬抑的状态，兽性因子光明正大地占据了上风，控制了整个人的思想与行动，使他成为咬噬一切的狂暴野兽。“在战争时期我们一半是人一半是兽。如果你只是个人类，那就无法安然无恙。在战争中为了自保，必须要找回人类还没有完成进化时的那些本事”；[①] 在阿富汗战场上待了一段时间后，一位曾向希波克拉底宣誓将永远救死扶伤的苏联军医甚至能心平气和地承认自己开枪杀人时的狂热欣喜之情。人的灵魂在激烈的战事中被无情地撕裂了，士兵们开始对别人的死亡感到幸灾乐祸，习惯用武力解决一切问题；号角吹响的那一刻，人们反而觉察不到恐惧，纷纷跃出战壕，像野兽一样互相撕咬，狂吼、呻吟、惨叫，伴随颅骨崩裂的咯吱声，交汇成世间最惨烈的战地亡灵曲。战斗结束后，士兵们不敢互相打量对方的脸，因为“所有

---

① ［白俄］S. A. 阿列克谢耶维奇，吕宁思译：《我是女兵，也是女人》，九州出版社 2015 年版，第 51 页。

人都不对劲，甚至眼中露出野兽般的绿光”；[①] 英俊的德军飞行员狞笑着向救护列车扫射，仿佛一场末世狂欢；苏军士兵对德国平民姑娘随意施暴，却不明白受过良好教育的自己怎么会做出这种兽行。

阿列克谢耶维奇既不错过人性中隐晦阴暗的一瞬，也不强行将这些血腥肮脏的片段濯洗得澄澈光明。她坦言报纸上刊登的关于英雄和功勋的官样文章，令她深感震惊与无奈，那些司空见惯的温暖，实际上是用理想与理念偷换生活本身的冰冷之光。她在镌刻着硕大军功与自豪的历史纪念碑上解读着那些令人费解的微小密语，并且指出战争践踏尊严、摧残理性、扭曲人性的残酷特性：它常常用能激起普通士兵盲目狂热的军事口号与对上级意志绝对服从的强制规训，削弱其理性思考的能力。人作为道德存在物，理应“拥有绝对的尊严，拥有生存与自由发展自身积极力量的绝对权利”。[②] 但我们可以看到，在阿列克谢耶维奇笔下，无论是传统意义上正义的反法西斯战争，还是非正义的阿富汗战争，交战双方无一不发生人性撕裂、兽性因子膨胀的情况。在战争三部曲中，作家并未一味宣扬苏联士兵英勇无畏的爱国主义精神，而是用战争这面可以照出人性阴暗面的镜子拷问历史、反思人性，甚至触及了苏军性暴力行为这一苏联传统反法西斯战争叙事中的话语禁忌，体现了女性作家特有的敏锐细腻和客观审视战争暴行的担当与大爱。在小说《锌皮娃娃兵》中作家敏锐地捕捉到了士兵对待死亡的态度变化与死亡对他们的人格影响，将战争视为对肉体与精神的双重谋杀。士兵作为独立个体的理性思考能力被战争无情剥夺，一直遵循的伦理道德准则也被战争强行改写，导致他身上代表理性的人性因子被贬抑而兽性因子疯狂膨胀，在极大程度上挤压了人的生存空间，将其置于冰冷绝境。阿列克谢耶维奇不仅继承了俄罗斯文学深刻的自省特点与反抗精神奴役的人道主义传统，并且透过战争的表象将反战思想上升至理性精神高度，体现其独特的美学思想与伦理期待。

---

① ［白俄］S. A. 阿列克谢耶维奇，吕宁思译：《我是女兵，也是女人》，九州出版社 2015 年版，第 51 页。

② Соловьёв В. С.，“Оправдание добра：Нравственная философия”，М.：Республика，1996. С. 250.

在阿列克谢耶维奇的战争三部曲中，不仅回荡着炮火的轰鸣和个人的酸楚，同样可以找到人性因子在灰暗年代的温柔闪光：濒死的苏联士兵把自己的护身符赠送给护士，希望能给对方带来幸运；交战双方的军医都曾对敌方受伤的士兵施以援手，有的伤员甚至请求本国的护士先救治敌军；在苏联和德国军队中都有坚持不开枪的士兵，哪怕等待他们的是军事法庭的审判抑或顷刻间的死亡；饥饿的苏联儿童把自己的口粮节省下来送给德国俘虏；贫穷的德国老人一边念叨着“挺住，希特勒完蛋”，一边偷偷地把鸡蛋送给饥肠辘辘的苏联儿童；苏联士兵向阿富汗妇女请求食物，而她们明知自己会被仇视苏军的阿富汗人打死也没有拒绝苏联士兵的请求；苏军军官让被轮奸的德国姑娘们指认到底是谁侵犯了她们，并承诺会当场枪毙犯罪者，但姑娘们反倒哭着拒绝指认，因为她们不想让更多的人流血。阿列克谢耶维奇在创作中并未沉湎于苦难与罪恶的畸形展览，而是凭借超越民族与历史的视点找寻人性之美。伦理意义是人类通过叙事得以传承的重要信息，伦理诉求被视作文学的重要功能之一。作为一名具有强烈伦理使命感的知识分子，阿列克谢耶维奇认为爱与宽恕能够超越生活的苦难，给人内心带来平，给世界带来和平。在文学创作中作家追求富有道德力量的伦理拯救，在她的笔下，爱与宽恕充分展现了人的理性力量。在《我是女兵，也是女人》中一位老教授曾说过：“爱能救人，能给人活下去的力量”①，而一位对德国战俘施以援手的苏联女兵回忆道：“当时我心里是幸福的……我为自己能够不去仇恨而感到幸福……其实当时我也为自己的行为感到惊讶”。②女兵的这份惊讶恰恰证明了人性并非是人的本能，而是一种道德属性，并且能够“决定人能够成为人的美德”。③ 如果说兽性因子的膨胀是被人的动物性选择促成的，那么人性因子则会在人理性的伦理选择中得到发展与完善。在文学创作中，阿列克谢耶维奇并未用情绪化的道德审判

---

① ［白俄］S. A. 阿列克谢耶维奇，吕宁思译：《我是女兵，也是女人》，九州出版社 2015 年版，第 165 页。

② ［白俄］S. A. 阿列克谢耶维奇，吕宁思译：《我是女兵，也是女人》，九州出版社 2015 年版，第 78 页。

③ 聂珍钊：《文学伦理学批评导论》，北京大学出版社 2014 年版，第 271 页。

冲动直接代替对人性的理性思索，而是对被访者做出合理的筛选、将录音材料进行细致的整理，尽可能保留被访者的语言特色与话语真实，以期形成庞杂的“声音”合流，对战争发出更有力的控诉，向人性表达更响亮的礼赞，尽可能地给予生者更多关怀与支持，呼唤理性意识的觉醒与复归。这种口述实录小说的创作手法有着浓厚的纪实性意味，饱含生命的激情，既避免了传统的说教式伦理思想灌输，使读者产生共鸣；又显示出阿列克谢耶维奇身为作家对文学创作的道德感与使命感，这同样是文学伦理学强调的作为创作主体应遵守的创作伦理原则。

结　语

文学伦理学认为，文学应当帮助人们从伦理道德角度认识社会与生活，“为人类的自我完善提供道德经验”。[①] 在小说《我是女兵，也是女人》《我还是想你，妈妈》《锌皮娃娃兵》中，阿列克谢耶维奇并未迎合市场需求和读者的猎奇心理，而是在严峻的时代背景下一直苦苦追寻真实的生命体验与情感表达，用滚烫的生命情怀去融化历史的坚冰，试图诘问战争本质，追溯历史真实，重建记忆与情感，拂去人类心灵上的尘埃。阿列克谢耶维奇向战争中的女性、儿童以及娃娃兵这些边缘性“小人物”群体表达了深切的关怀与同情，体现了作家对个体的尊重与对生命的敬畏。作家对时代苦难的纪实性书写，充满了其对全人类尊严的维护与对全人类价值的肯定，使小说上升为具备全人类普遍意义的文本。阿列克谢耶维奇立足全人类福祉至上的伦理立场，歌颂爱与宽恕的强大力量，回应了当代文学伦理建构的需求，并且给其他创作者提供了一种创作上的伦理参考。

① 聂珍钊：《文学伦理学批评导论》，北京大学出版社 2014 年版，第 17 页。

儿童眼中的战争、死亡与爱

——浅析阿列克谢耶维奇《最后的见证人》

蔡　丹*

斯韦特兰娜·亚历山德罗夫娜·阿列克谢耶维奇是白俄罗斯的记者、散文作家及纪录片编剧，1948年出生于苏联斯坦尼斯拉夫（现为乌克兰的伊万诺—弗兰科夫斯克）的一个军职人员家庭。其代表作有：《战争的非女性面孔》《我还是想你，妈妈》《锌皮娃娃兵》《死亡的召唤》《切尔诺贝利的回忆：核灾难口述史》等，斩获国内外多项大奖，包括2015年的诺贝尔文学奖。阿列克谢耶维奇最擅长的体裁是纪实性文学。2015年诺贝尔文学奖的评委之一贺拉斯·恩道尔在对阿列克谢耶维奇进行评价时便说道：“她继承了俄罗斯可以追溯至18世纪的‘见证文学’的古老传统，我想到了亚历山大·拉吉舍夫的《从彼得堡到莫斯科旅行记》，包括陀思妥耶夫斯基的《死屋手记》、契诃夫的《萨哈林旅行记》等等这样的作品。”① 阿列克谢耶维奇的作品记录了20世纪人类历史上的一系列重大事件，如第二次世界大战、阿富汗战争、苏联解体等。其作品始终关注历史洪流中的小人物，强调创伤与苦难主题，充满着对历史与社会的反思，极具人道主义色彩。

---

* 蔡丹，四川外国语大学俄语学院硕士研究生。

① 江河：《灾难的非虚构书写——评 S. A. 阿列克谢耶维奇的〈我还是想你，妈妈〉与杨显惠的〈定西孤儿院纪事〉》，《写作（上旬刊）》2016年第8期，第49页。

一、战争

别尔嘉耶夫认为战争不是恶的源泉，而是恶的反映，是内在的恶和病态之存在的符号。① 人类历史始终与战争二字纠缠、交织，每一页都写满了饱受战争苦难的人民的血泪。即使在可以称得上和平年代的今天，世界上也还是有人在炮弹轰炸中穿梭，于恐惧、绝望之中苦寻生存之路。阿列克谢耶维奇出生时，第二次世界大战已经结束，她从未亲历过战争，却深谙战争之痛——其祖父战死前线，葬于匈牙利的某片土地；其祖母作为游击队队员死于伤寒；其父亲的两个兄弟在军队服役，战争爆发后的几个月内便失去了音信；其 11 个远亲被德国人活活烧死，连同他们的孩子一起……战争虽然已经结束，但留下的伤痛却从未停止。正如阿列克谢耶维奇本人所言："我们每时每刻都处于战争之中，或者在为战争做准备，回忆我们是如何战斗的。我们从未以其他方式生活过，可能，已经失去过其他生活的能力了。"②

战争的创伤是集体性的。对于生于、成长于战争时代的那群人，这份创伤便是切肤之痛，是一生中无法割裂的黑暗记忆。《我还是想你，妈妈》一书是阿列克谢耶维奇"乌托邦之声"系列的第二部。这部非虚构文学作品的主人公便是亲历苏联卫国战争的 101 名儿童。战争发生时，他们最小的才 2 岁，最大的也不过 12 岁。在心智还未完全成熟的阶段，他们毫无提防地同战争打了个照面，从此，内心便蒙上了名为死亡、恐惧、鲜血、饥饿、混乱、孤独的层层阴霾。

1. 陌生的战争

"人们号叫着：'战争爆发了！'所有孩子都高呼：'乌——拉！'。

① ［俄］尼古拉·别尔嘉耶夫，汪剑钊译：《自我认知》，上海人民出版社 2007 年版，第 385 – 386 页。

② 龚莉：《文艺文献文学作品中"小人物"的历史责任感》上海外国语大学 2017 年版，第 17 页。

兴高采烈。”“战争在我们的想象中是一生最有意义的大事，被认为是最大的冒险。我们盼望着战争，我们是当代儿童，优秀的儿童。”① 战争对于孩子们来说是从未接触过的事物，即便在图书中看到过对战争的描述，但是往往也只涉及到“英勇的指挥”“光荣负伤的士兵”“荣耀的胜利”。而当真正的战争发生之时，他们见到的却是遮天蔽日的飞机、尖利嗥叫的炸弹、陷入火海的城市以及触目惊心的死亡。他们成为了最无辜的被动的见证人，与成年人一同经历战争的酷刑。联合国发布的《儿童权利公约》中表示，儿童的年龄范围为0至18岁。让·皮亚杰的儿童认知发展阶段论认为，在7岁之前，儿童的认知还处于前运算阶段，此时，他们往往只关注事物的某一方面，尤其是很强烈的感知变化，即为中心化特征。② 童年时期对于世界的记忆往往是具体化、细节化的，于是他们认知中关于战争的空白区域填满的都是种种细节——4岁的波利娅·帕什凯维奇认为战争会发生在巨大的黑色森林里，因为童话中最可怕的故事都发生在森林之中；在6岁的热尼娅·别利克维奇的记忆中，战争就是失去唯一的爸爸；5岁的柳达·安德烈耶娃对战争的印象是“没完没了的燃烧”。

陌生的不止战争。巨大的苦难必定会对人性、伦理发出拷问，这101名孩童见证了拷问的过程，即便这远远超出了年幼的他们所能理解的范畴——“那么近距离地看见了第一个德国人——高高的个头、蓝色的眼睛。我非常吃惊：‘这么漂亮的一个人，却在杀人’。”③ “人们把妈妈拉回来。怎么会这样，为什么他们要朝着脸开枪？妈妈的面颊上有几个黑色的枪眼儿。我一直问爷爷：‘为什么他们要朝脸开枪？我的妈妈长得这么漂亮……’。”④ “我们在房间里找到了被打死的奶奶……我们自己把她埋葬了……埋葬了我们开朗而智慧的奶奶，热爱德国音乐，热

---

① ［白俄］S. A. 阿列克谢耶维奇：《我还是想你，妈妈》，九州出版社2015年版，第31页。

② 李偶林：《基于儿童认知特征的益智产品开发研究》，华南理工大学，2014年，第10页。

③ ［白俄］S. A. 阿列克谢耶维奇：《我还是想你，妈妈》，九州出版社2015年版，第121页。

④ ［白俄］S. A. 阿列克谢耶维奇：《我还是想你，妈妈》，九州出版社2015年版，第134页。

爱德国文学的奶奶。”[①] 懵懂无知的儿童原本认为，美丽与丑陋、善良与邪恶泾渭分明，不会共存于同一个个体，而战争颠覆了他们对人性的认知，于是他们提出困惑，向世界发问：为什么美丽的人也会伤害他人？为什么美丽的人也会受到伤害？为什么善良的情感会受到致命的打击？战争对人的生命与尊严的践踏冲击了孩童们的精神世界，他们没有办法全然理解所发生的一切，但毫无疑问的是，这些伤痛的记忆给他们的心灵带来了一场暴风雪，留下了久久不能消逝的严寒。

2. 长久的创伤

创伤有两个层面的意义，既可指由某种直接的外部力量造成的身体损伤，也可指由某种强烈的情绪伤害所造成的心理损伤。心理创伤是由创伤性事件所引发的一种强烈的情感反应，而创伤性事件分为三类：自然灾难、意外灾难与人为灾难，战争便属于人为灾难。[②] 在接受阿列克谢耶维奇的采访时，书中的叙述者已经从一个个慌乱的孩童成长为工人、记者、教师、工程师、建筑师、博士，拥有了新的家人与新的生活际遇。他们的肉体在战争中侥幸无恙，心灵却都有了黑色的伤口。

如果意识的诸多因素如知觉、感觉、意象不能被整合进自我，那么经历本身就变成一个非连续体。这样，被牺牲了的内在世界，就会以某种意象形式聚集为一种“情结”。[③]“如果看到一辆新拖拉机，我不敢走近它，害怕它爆炸。它会变成黑色的，就像坦克一样。”[④] “我还记得，妈妈和我都喜欢平针刺绣，并且一定要绣成鲜艳的颜色。我不喜欢黑线。到现在我也不喜欢黑色。”[⑤] 在主要凭直觉认识世界的儿童眼中，黑色是战争的代表色：陌生的飞机来到城市上空，天空变成黑色；飞机

---

① ［白俄］S. A. 阿列克谢耶维奇：《我还是想你，妈妈》，九州出版社 2015 年版，第 121 页。

② 赵冬梅、申荷永、刘志雅：《创伤性分离症状及其认知研究》，《心理科学进展》2006 年第 6 期，第 895—900 页。

③ 赵冬梅、申荷永、刘志雅：《创伤性分离症状及其认知研究》，《心理科学进展》2006 年第 6 期，第 895—900 页。

④ ［白俄］S. A. 阿列克谢耶维奇：《我还是想你，妈妈》，九州出版社 2015 年版，第 84 页。

⑤ ［白俄］S. A. 阿列克谢耶维奇：《我还是想你，妈妈》，九州出版社 2015 年版，第 113 页。

投掷下一个个黑点般的炮弹，房子淹没在火焰之中，窗台盛放的令箭荷花被烧成颓败的黑灰；满地的尸体也都是黑色的——“如果这些事物，最初的时候，是明亮的色调——碧绿碧绿的小草、鲜亮的水彩画、洁白洁白的沙土、金黄金黄的栅栏……后来这一切都染上了一层黑色的颜料。”在战争结束后，当在生活中再次遇到黑色时，儿童们会产生排斥的态度，主动选择与“黑色”分离。战争给孩子们留下了不可磨灭的伤害与难以摆脱的“情结”。7 岁的列娜·克拉夫琴科目睹了妈妈被抓走的场面，因为恐惧，从此忘记了自己的名字。25 年之后她才再次得以见到自己的亲人，姨妈叫出了列娜的真实姓名，列娜却无法习惯，久久不能答应。11 岁的爱德华·沃罗什洛夫在战前非常喜爱父亲的军装，时常梦想着长大后能佩戴武器，而战争爆发后，当有人问他是否想上军校时，他却一口否定。战争造成的心理创伤使得孩子们选择与自己的名字，甚至梦想进行悲剧性的分离。

二、死亡

死亡是人类永恒的哲学议题。而在儿童文学中，人们往往有意规避“死亡”主题，防止对儿童的心理健康造成损伤。从死亡学的观点看，人对死亡的认识从儿童到老人有一个发展的过程，在 8 岁左右，儿童会开始逐渐认识到人终有一死，而 8 岁至 12 岁的儿童开始不再把死亡看作外在的力量，而是看作自然的、普遍的、无法消除的现象，但仍坚信“我是不会死的”。[①] 然而在现实生活中，无论是自然还是非自然的，死亡总是难以预料的，是猝不及防的。死亡是战争不可避免的结果之一，平民则是战争最无辜的受害者。第二次世界大战的战火燃烧了整整 14 年，造成的军民死亡人数超过 5500 万，其中，平民死亡人数约 2730 万人。[②] 对于生于、成长于这 14 年间的儿童来说，认识死亡是战争带来的

① 宫小兵：《论海明威创作的死亡主题》，华中师范大学，2003 年，第 9 页。

② 《“数”说第二次世界大战》，《中国农业会计》2005 年第 6 期，第 40 页。

最惨痛的课程，是他们被迫一遍又一遍理解的现实。

1. 陌生的死亡

“我，当然，对死亡一无所知……没有人来得及向我解释，我立刻就看到了它。”[①] “……是一个被打死的女人……这让我很震惊。我一直以为，在战争中只有男人会被打死。”[②] “一旦开始轰炸，所有的色彩都消失了。所有的颜色都消失了。第一次出现了‘死亡’这个词，所有人都在说着这个莫名其妙的词，而妈妈和爸爸没有在身边。”[③] 死亡对于未经世事的儿童来说始终是陌生的，即使先前有一些理解，那也是单纯、片面的。战争将亲人的、陌生人的死亡推到他们面前，他们只能接受。死亡开始具体化：大火里，被烧成黑色的是老人的尸体，而躺在木炭上的小小的、粉红色的东西便是死去的孩子们。

2. 难以承受之重

5岁的瓦尼亚·季托夫所在的村子遭到了袭击，德军轮番轰炸了村子的墓地，死者的尸体都被炸出了地面，其中就包括瓦尼亚刚去世不久的爷爷，瓦尼亚回忆起当时的景象：“他们躺着，就如同又被打死了一次。”[④] 12岁的瓦洛佳·帕拉博科维奇的母亲在战争前已经去世。德军疯狂的炮火中，父亲要求他：“闭上眼睛，儿子，不要看……”,[⑤] 自己却倒了下去。好心的人拉着瓦洛佳一起逃跑，他们走了很多天，但瓦洛佳始终在回头望，他期盼着，父亲能够追赶上自己，因为父亲倒下的时候，身上是没有血迹的，“他只是一声不响地躺在地上”，瓦洛佳至今没有等到父亲的归来；7岁的安德烈·托尔斯基克从别人口中听到妈妈被枪杀了的消息，但他却异常冷静，他脑海中有着这样的念头：“如果

---

① ［白俄］S. A. 阿列克谢耶维奇：《我还是想你，妈妈》，九州出版社2015年版，第116页。
② ［白俄］S. A. 阿列克谢耶维奇：《我还是想你，妈妈》，九州出版社2015年版，第5页。
③ ［白俄］S. A. 阿列克谢耶维奇：《我还是想你，妈妈》，九州出版社2015年版，第16页。
④ ［白俄］S. A. 阿列克谢耶维奇：《我还是想你，妈妈》，九州出版社2015年版，第54页。
⑤ ［白俄］S. A. 阿列克谢耶维奇：《我还是想你，妈妈》，九州出版社2015年版，第57页。

我看见死去的妈妈，她就永远也活不了了。可是，如果我看不见死去的妈妈，说不定我回到家，妈妈就在家里等着我呢。”① 在孩子们的眼里，死亡是令人困惑的，人可以死两次吗？没有伤口的人也会死去吗？死亡难道不可以逃避吗？这是未经污染的心灵最真挚的疑问，同时也是对战争的血泪控告，对战争之恶的拷问。

三、爱

20 世纪著名的心理学家、哲学家与社会学家艾里希·弗洛姆在《爱的艺术》一书中说道：“爱是对人类存在问题的回答。”只要人类存在，爱便不会消弭。这是人类文明历经无数战争却仍然能够延续的原因，也是无数人向着未来前进的依托与指引。在巨大的苦难面前，人与人之间互相扶持的大爱显得更加熠熠生辉。阿列克谢耶维奇的作品中，人们在各种各样的极端条件下也没有丧失爱的本能：他们爱在战场上挥洒血泪的战士，在动荡中成为孤儿的孩子，在逃难中饥肠辘辘的陌生人，甚至爱战争结束后落魄的德国战俘们……阿列克谢耶维奇的非虚构文学大篇幅地描写了战争的残酷，人性的扭曲，生活的失序，但同时又向读者展示了苦难面前可贵的人性光辉，告诉读者，爱永远是正确的方向。

1. 苦难中的人性光辉

战争爆发后，6 岁的尼娜·舒恩托拖着奄奄一息的弟弟去寻找奔赴前线的父亲，途中，无比饥饿的她走进一户没有人在的家，撕了一块刚烙好的馅饼。他们在屋内等待着主人回家，害怕被误以为是故意偷吃。主人回来后，没有惊讶，没有，只说了一句：“现在你们就是我的孩子。”姐弟俩从此便又有了家。在接受阿列克谢耶维奇采访时，尼娜已

---

① ［白俄］S. A. 阿列克谢耶维奇：《我还是想你，妈妈》，九州出版社 2015 年版，第 220 页。

经年过半百，她说战争让她摒弃了陌生人的概念，因为自己和弟弟因陌生人而获救，成长于陌生人之间，于是陌生人便不再是陌生人。尼娜说："所有人都是自己的亲人。"[①] 战争爆发时盖尼娅·扎沃伊涅尔仅7岁。她的父亲被敌军抓走，家里其余所有人均被困在隔离区中。母亲无力在动荡中照顾几个孩子，于是请求隔离区外一位"漂亮女士"带走盖尼娅。虽然家中已有4个孩子，但这位女士还冒着全家被打死的危险收留了盖尼娅这个犹太孩子，并且对待她就像对待亲生孩子一样。战争结束后，在女士的帮助下，盖尼娅得以与母亲团聚。当女士向凯旋归来的军人讲述这段故事时，军人拥抱了她，脸上的神情就仿佛获救的盖尼娅是自己的女儿。[②] 据统计，全世界范围内，二战期间共有1300万儿童死去，战争结束之后，白俄罗斯各地的孤儿院共收养了26900名孤儿。[③] 事实上，成为孤儿的孩子远不止这2万多名，因为在战争中，像尼娜姐弟一样被好心人收养的例子比比皆是。在巨大的灾难面前，人与人之间的扶持以及对弱势群体的善意是难能可贵的。战争中，生命的消逝是一种意料之中的突然，每天都有无数的人在炮火、枪击与饥饿中离开世界，而身处困境中的人们并没有丢掉自己的善性，对于生命，他们没有变得冷漠、漠然，他们依然保有对生命的尊敬、关怀与珍视。

2. 选择爱还是选择仇恨

"'女士，请给我个土豆吃吧……'妈妈说：'不给你。说不定，就是你打死了我儿子?!'德国人慌了神，吓得一声不吭。妈妈走开了……后来，她又返回身，掏出几个土豆，给了他：'给，吃吧……'。"[④] 12岁的瓦洛佳·巴尔苏克全家人都参加了游击队，哥哥在执行一次任务时不幸牺牲。战争结束后，妈妈提着土豆，和瓦洛佳走在街上。附近的废墟里走出一个德国战俘，请求妈妈给他一个土豆吃，于是就有了上面的一

---

① ［白俄］S. A. 阿列克谢耶维奇：《我还是想你，妈妈》，九州出版社2015年版，第108页。

② ［白俄］S. A. 阿列克谢耶维奇：《我还是想你，妈妈》，九州出版社2015年版，第124页。

③ 刘文琴：《论S. A. 阿列克谢耶维奇战争作品中的边缘记忆书写》，暨南大学，2017年，第25页。

④ ［白俄］S. A. 阿列克谢耶维奇：《我还是想你，妈妈》，九州出版社2015年版，第159页。

幕。看到妈妈的举动后，瓦洛佳十分吃惊，不懂得这是怎么一回事：为什么要给伤害过我们的敌人食物？但随后瓦洛佳明白了，这是战后妈妈给他上的爱的第一课。"'瓦谢尔（德语中单词'水的发音'）……瓦谢尔……'，我把水壶放到他的嘴唇边，全身都在哆嗦。到现在都说不清当时的那种感受。厌恶？不是。仇恨？也不是。那是一种复杂的感觉。其中也夹杂着怜悯……人类的仇恨也有一个形成过程，不是从一开始就有的。学校里教育我们要善良，要友爱。"① 11 岁的爱德华·沃罗什洛夫在逃难的过程中来到了一个不知名的村庄，德军占领了这个地方，爱德华被叫去照顾德军伤员，以上是他当时的心理感受。

在作品中，阿列克谢耶维奇鲜少加入自己的主观评价，也不随意将善与恶、对与错、正义与非正义置于绝对的二元对立。她仿佛只是在平淡的转述实际发生的一切，却拥有着打动人心的力量。战争的本质是灾难，战争本身永远是非人道的，非理性的，但是在处于战争中的一个个鲜活的人，一个个独立的个体身上，人性、善意与爱仍然是不会完全消失的东西。瓦洛佳的妈妈为何改变心意，给了战俘食物？或许是因为认识到战俘也会是某位母亲珍视的儿子？爱德华目睹摧毁自己家乡的德军士兵受伤呻吟，又为何会生出一种怜悯之情？其中缘由我们无法知晓。但可以肯定的是，他们在那一瞬间都选择了去爱，而不是仇恨。这一瞬间他们对战争的本质有了更深的认识，对生命的敬意又达到了一个新的层次。这也是阿列克谢耶维奇想要为读者带来的改变。阿列克谢耶维奇曾说："我不是在写战争，而是在写战争中的人。我不是写战争的历史，而是写情感的历史。"② 她在非虚构文学中挖掘苦难，却又在苦难中彰显人性的善良与美好。这是阿列克谢耶维奇深刻的反战思想，也是她深切的普世情怀——战争是全人类的悲剧，生命的价值永远高于一切。

---

① ［白俄］S. A. 阿列克谢耶维奇：《我还是想你，妈妈》，九州出版社 2015 年版，第 75 页。

② ［白俄］S. A. 阿列克谢耶维奇，吕宁思译：《我是女兵，也是女人》，九州出版社 2015 年版，第 412 页。

结　语

《我还是想你，妈妈》一书的副标题为“一百个非儿童的故事”。这些故事本不应由儿童述说，这些伤痛也本不应由儿童承受。在陀思妥耶夫斯基的《卡拉玛佐夫兄弟》中，当伊凡向阿辽沙提问，如果需要以残害一个小孩为代价换来全人类的安宁与幸福，他同不同意。在《我还是想你，妈妈》一书的扉页上，阿列克谢耶维奇引用了陀思妥耶夫斯基的回答，“这一滴泪水不能宣告任何进步、任何一场革命，甚至于一场战争的无罪。它们永远都抵不上一滴泪水。仅仅是一滴泪水……”。[①] 这句话是对《我还是想你妈妈》最好的注解，是书中阿列克谢耶维奇反战思想最精炼的总结。在获诺贝尔文学奖时的演讲中，阿列克谢耶维奇还引用了俄罗斯著名作家瓦尔拉姆·沙拉莫夫的话：“我参加了为人类的真正复兴而进行的战争，可这是一场输掉的战争。”任何战争都是残酷的，非人道的。战争由人类自身发起与完成，但从第一声炮火声响起之时，全人类便都是输家。

即便诺贝尔文学奖这一世界级的奖项已经在世人面前肯定了阿列克谢耶维奇在文学方面的成就与贡献，但事实上，时至今日，对于阿列克谢耶维奇创作形式、体裁的质疑还是此起彼伏。人们说，阿列克谢耶维奇的作品只能称的上是文献，而不是文学。但文学又是什么呢？在信息无限膨胀，生活节奏日益加快的今天，人们每天都在叙说中进行着创作，言说本身便是文学的存在方式之一了。数十年间，阿列克谢耶维奇都奔走在倾听的路上，让苦难的人们在泪眼中对历史进行回眸，让世界思考苦难的意义，质疑苦难的价值。这对于受难者来说是一种回忆的解脱，对于因其作品得到启发的人类来说，则是一种救赎。

① 刘文琴：《论 S. A. 阿列克谢耶维奇战争作品中的边缘记忆书写》，暨南大学，2017 年，第 28 页。

维索茨基的白俄罗斯篇章

——浅析维索茨基在图洛夫的战争类电影中的歌曲创作

杨茂源*

苏联伟大的弹唱诗人弗拉基米尔·维索茨基在白俄罗斯人民心目中占据着重要的地位，除诗人本身在苏联的影响以外，诗人生前曾多次以不同的身份出现在白俄罗斯，例如：多次与“白俄罗斯制片厂”进行合作，跟随塔甘卡剧院在白俄罗斯进行表演，在白俄罗斯各地进行个人演出。可见，白俄罗斯对于维索茨基而言，也同样是意义非凡。

一、维索茨基在白俄罗斯的足迹

维索茨基与白俄罗斯有很深的渊源，诗人的祖父沃尔夫·维索茨基就出生于白俄罗斯的布列斯特—利托夫斯克（今布列斯特），之后来到基辅，诗人的父亲也在这里出生。而后，维索茨基一家便都搬到了莫斯科①。虽然诗人的童年没在白俄罗斯度过，但是他的生命却得到了白俄

* 杨茂源，四川外国语大学俄语学院硕士研究生。

① Виктор Бакин, “Владимир Высоцкий без мифов и легенд”, Эксмо: Алгоритм, 2010, С. 7.

罗斯的滋养。巧妙的是，集多重身份于一身的维索茨基，后来也以不同的方式踏上了白俄罗斯的疆域，踏上了这片家族的故土。

1965 年，布列斯特举行了第一届全苏行军代表大会，维索茨基随团进行慰问演出，随行的还有奥库扎瓦、戈罗德尼茨基等其他行吟诗人。1973 年，维索茨基又一次来到布列斯特，在当地的音乐学院举行了演出。布列斯特这里还是维索茨基的“汽车交接点”。70 年代维索茨基与妻子玛琳娜·芙拉迪的大多数国外旅行都是通过自驾完成，而他们驾驶的外国产汽车都是由芙拉迪带过来，然后在布列斯特“华沙大桥”的关税口进行对接。

接下来维索茨基的演出都集中在了明斯克，分别在白俄罗斯国立大学、师范学院、科学院、“明斯克计划”研究所等地举办了演出。其中最有名的便是 1979 年夏天在白俄罗斯科技研究所国家农村建设设计院的演出。当时由于市委的阻挠演出被临时取消，可是观众们已经到达现场，因此场地门口挂了一个牌子，上面写道：“该演出由于维索茨基生病而不得不取消”。维索茨基非常生气，他准备直接在门口为等待的观众演唱，但是经过警察的劝说，最终双方还是“达成一致”，愤懑的维索茨基直接搭乘飞机返回莫斯科。此后，维索茨基再也没有在白俄罗斯进行过演出。

1969 年 8 月，图洛夫导演在新格鲁多克附近的森林里拍摄电影《儿郎奔赴战场》时，邀请好友维索茨基来探班。离拍摄地十几公里的地方有一条著名的里托夫卡河，维索茨基和未婚妻玛琳娜·芙拉迪便是在这里度过了他们的婚前蜜月之旅。

新格鲁多克（旧译为诺夫格罗德克），这个城市曾属于波兰立陶宛王国的一部分，著名的波兰诗人亚当·密茨凯维奇就出生在这里，在其著名的长诗《格拉席娜》中便提及这座城市：

> 现在诺夫格罗德克全城都知道格拉席娜的歌，
> 多年以来，风笛在吹奏，乡下姑娘们在歌唱，
> 大家提起当日刀、盾的鏖战之地，

一般还称为“立陶宛夫人的战场”。[①]

文中的“立陶宛夫人的战场”正是里托夫卡河名字的来源，因为俄语 Литовка 意为“立陶宛女人”。在这样一个美妙的地方，维索茨基也从富含诗意的河水中汲取了养分。在诗人为电影《儿郎奔赴战场》所写的歌曲《他没有从战场回来》（Он не вернулся из боя）中，就提到了这里清澈的河水：

死去的人没有把我们遗留给苦难，
我们的烈士——就像哨兵……
天空在森林里的倒影，如同在水中一般，
站立着的树木也显得格外湛蓝。[②]

壮烈牺牲的战士，站立着的树木，都像哨兵一样守候着心目中美好的事物。这不禁让人联想到曾经格拉席娜也是如此地保护着自己的城池，自己的家园和自己的人民。伟大的故事之所以能够渊源流传，是因为它们总能让人引起共鸣，尽管是在不同的时代。

1970 年 12 月 1 日，维索茨基与芙拉迪正式登记结婚，二人在新格鲁多克下榻的酒店房间也被一直保留着当时的模样。2012 年 11 月 11 日，新格鲁多克的街心花园立起了诗人的半身雕像。

二、维索茨基与图洛夫的合作

维克多·图洛夫，1936 年 10 月 25 日出生于白俄罗斯东部第聂伯河畔的莫吉廖夫，1961 年毕业于苏联国立电影学院，1986 年被授予苏联

---

① ［波兰］亚当·密茨凯维支，孙用、景行译：《密茨凯维支诗选》，人民文学出版社 1958 年版，第 185 页。

② Владимир Высоцкий，《Нерв》，《Современник》，1981，С. 27，笔者译。

人民演员的称号，1996 年 10 月 31 日与世长辞。图洛夫与维索茨基可谓是君子之交，在诗人辞世之后，图洛夫并没有出面回忆与诗人之间的往事，直到 1996 年，在好友克雷帕克（Борис Крепак）的劝说下，才开始以采访的形式对诗人进行回忆，并极其小心地对访问内容进行反复的检查和修改，直到 60 岁生日的前两个星期，去世前的前第三个星期才得以完成。在采访中，关于维索茨基的英年早逝，图洛夫如此回答："也许，他们这类人都不能长寿。他们比正常人经历了更情绪化，更高强度的生活。他们用自己的心灵来体会人们的苦痛，悲伤和其他情绪。难道带着这样一颗遍体鳞伤的心还能够长寿吗？"①

1965 年，在电影《我来自童年》中的合作使图洛夫与维索茨基之间产生了坚固的友情。通过这次合作，图洛夫发现维索茨基是一个风趣幽默的小伙子，同时也是个充满活力的工作狂。这部电影取得了巨大的成功，后来电影作为典范被选入苏联电影学院的教材，并且还作为招生考试的一个分析材料来使用。

而后，维索茨基与图洛夫又合作了三次，即两人总共合作了四部电影，其中三部都与战争有关，也就是说，维索茨基为图洛夫的电影所创作的诗歌大多关于战争，诗人也曾提及，自己最早的战争类诗歌就是写给图洛夫的电影。换言之，与图洛夫的合作为维索茨基打开了一个新的创作主题。

在与图洛夫合作的这三部战争类电影中，维索茨基只出演了一部，即《我来自童年》，他扮演了一个受伤的坦克手，其独特的形象（白色的假发加上被灼伤的脸庞）为观众留下了深刻的印象。年龄相仿的诗人与导演都是在战争年代长大的"战争儿童"，饥饿的童年岁月和艰难的少年时代都是两人的共同回忆。就像《我来自童年》片头旁白说的那样："我们这一代人的童年都各自不同，却又惊人的相似——我们都在童年经历了战争，我们都与父母靠着稀缺的资源相依为命。"

① Виктор Туров，《О дружбе с Высоцким я молчал 16 лет...》，Беларусь：《Культура》1996，С. 42 – 50.

1.《我来自童年》

《我来自童年》发生在距离前线很近的一个城市，孩童们一边在教堂里上课，一边期盼着亲人从战场归来，还有一些伤员在这里修养。一位头部受伤的战士抱着吉他，唱到：

他们紧握高地，就像握住自己的东西。
猛烈的炮火不断追击，
但是我们仍然向高地匍匐前进，
身后的同志壮烈倒去。

“乌拉”的口号在齿间凝固，
我们默默忍受着枪林弹雨。
我们曾七次占领这块高地，
也曾七次失去这块高地。

人们又一次不愿进攻，
土地像一碗被煮糊了的热粥。
第八次——我们定将永远拿下这里。
拿下自己的东西，我们的血肉。①

这一段歌词选自诗歌《高地》，维索茨基笔下的诗歌有一个重要的特征，即“散文性”，从以上文字可以看出，诗人在向读者描述战士们占领高地的过程。“七次占领，七次失去，第八次必定永远拿下”，从这几句诗中可以看出军人永不低头的热血情怀，也表现出战争的激烈程度。这首歌由伤员演唱，更加增添了诗歌的真实感。

电影的主角是兄妹伊戈尔和热尼亚，这天他们的父亲从前线回来做

① Владимир Высоцкий,《Нерв》,《Современник》, 1981, С. 21 – 22.

短暂的休整，母亲和他俩都特别兴奋，父亲给他们洗澡，一家人坐在一起吃饭。饭后父母开始跟着广播的音乐跳舞，调皮的热尼亚吵闹着也要和父亲一起跳舞，这时广播里响起了维索茨基的诗歌《寒冷之地》：

寒冷之地啊，寒冷之地，
从待惯的地方来到这里，
召唤我们的是陌生的城市，
不管是明斯克，还是布列斯特……
寒冷之地啊，寒冷之地……

事出有因啊，事出有因，
从亲切的白杨树林来到这里，
严寒之地向我们挥手，
好似那里就不会忧郁……
事出有因啊，事出有因……

无论自家多么温暖，
总是没有足够的，
新相逢或者新朋友，
好似我们这边总在下雨，
而他们那边总是天晴……

无论我们过得怎样，
是否丰衣足食，
是否平安无恙。
我们的星辰究竟在何处悬挂？
或许在这儿，或许在那儿……①

① Владимир Высоцкий，《Нерв》，《Современник》，1981，С. 161 – 162.

在手风琴和吉他的伴奏下，一个低沉的男声完成了这首歌的演唱，节奏是典型的苏联三拍小调，既忧伤又调皮，音乐落毕，父亲便坐上了开往前线的列车。从这首诗中不难体会到一种无奈的情绪，诗人运用多组词汇进行对比，从而加深了这种情绪，例如："寒冷，严寒"与"温暖"，"陌生的城市"与"待惯的地方"以及"亲切的白杨树林"，"好似我们总在下雨"与"而他们那边总是天晴"等。战争结束后，父亲却并没能从前线回来，母亲坐在餐桌前，广播中的音乐再次响起，同样的旋律，身边的人却不见踪影，眼中的泪水止不住地流淌。电影画面中一前一后的对比，正如诗中一前一后的对比，让人无奈，令人唏嘘。最后一段中象征着希望的"星辰"也不知在何处悬挂，就像战争何时会结束一样，让人感到忧伤。

在影片的第47分钟，战争终于结束，苏联取得了胜利，人们兴奋地相互拥抱，这时响起了歌曲《兄弟的墓碑》：

兄弟们的墓碑上，没有悬挂的十字架，
也没有痛哭流涕的寡妇。
有陌生人为他们送上的一些花束，
和燃烧着的永恒之火。

这里曾经也是一片辽阔的疆土，
而如今却满地大理石碑。
这里没有任何属于个人的命运，
因为所有的命运都被合而为一。

在永恒的火光里能够看见暴怒的坦克，
燃烧着的俄国木屋，
燃烧着的德国国会大厦和斯摩棱斯克，
还有燃烧着的士兵之心。

兄弟们的墓碑前没有痛哭流涕的寡妇，
来的都是些更强壮的人。
兄弟们的墓碑上没有悬挂的十字架，
难道这样，就能更容易让人接受？[①]

人们将鲜花放在烈士的墓前，而这些坟墓不过是城墙脚下的土堆，这里没有姓名，只有立起的石碑和满地的鲜花。尽管战争已经取得了胜利，但是逝去的人们却不能起死回生，他们的生命献给了和平。墓碑前的人们没有哭泣，因为他们为胜利感到高兴。但是无论如何，必须牢记烈士们的付出，他们的精神会像永恒之火一样永不熄灭。诗人用呼应的手法强调了中心思想，即胜利并不能抵消伤亡，并告诫读者应该铭记烈士的功勋。

在电影的末尾，维索茨基所扮演的坦克手瓦洛佳作为邻居出现在伊戈尔和热尼亚的家里，他抱起吉他，再次唱起这首《兄弟的墓碑》，以此来悼念自己的兄弟。根据图洛夫的回忆，这首诗和《星辰》都是维索茨基为塔甘卡剧院的戏剧所写，虽然都没有被选上，但是放在这部电影里却十分合适。

从前线归来的瓦洛佳被伊戈尔认出，被他带到家里，瓦洛佳拿出了为伊戈尔和热尼亚准备的糖果，在一旁开始唱到《星辰》中的片段：

我会把这颗星辰赠予儿子，
仅仅作为留念……
天空中悬挂的星辰正在消失，
可它却无处坠落。[②]

作为电影中出现的最后一首诗歌，《星辰》再次强调了电影的主题，即战争为人们带来了悲剧。诗中的“星辰”作为“荣誉”和“死

① ВладимирВысоцкий，《Нерв》，《Современник》，1981，С. 47 – 48.
② Владимир Высоцкий，《Нерв》，《Современник》，1981，С. 28 – 29.

亡”的象征，“荣誉”被传递给了下一代（儿子），而在战争中殉难的烈士们却无处坠落。

像图洛夫与维索茨基这样的“战争一代”正是苏联六七十年代的主要构成，他们在战争中长大，在战争中学习。他们在童年忍受了战争带来的各种悲剧，这也让他们成为了坚强的人，如果要问他们来自哪里，他们都来自战争年代，他们都来自童年。

2. 《屋檐下的战争》

电影《屋檐下的战争》与《儿郎奔赴战场》是图洛夫导演的两部曲，改编自白俄罗斯作家阿列斯·阿当莫维奇的小说《游击队员》。

白俄罗斯由于地处苏联西部边境，1941 年在希特勒闪电战中遭受了重大损失。但白俄罗斯人民没有被突然袭击的敌人所吓倒，他们广泛开展游击战，从而使 60% 的地区掌握在自己的手中。因此，明斯克被称为游击队之城。[①]《屋檐下的战争》便发生在这样的背景之下，药店经理安娜每天都冒险把医疗设备与信息带给游击队员，最终安娜和儿子也来到了树林，成为了游击队员。片头浮现出安娜的面孔，旁白说到：“战争中没有女性面孔。但是在这场战争中，没有什么比母亲的面孔更清晰，更了不起，更美丽。”

与《我来自童年》不一样的是，《屋檐下的战争》里的两首诗歌都是特地为电影所写，它们分别被放在了片头与片尾，而演唱者则都是维索茨基本人。虽然诗人这一次没有在片中出演什么重要的角色，但是有趣的是，维索茨基仍然作为群演在屏幕上出现，他扮演了一个伪警察，仅仅出现了几秒钟。放在片头的诗歌是《鹳鸟》：

这日天空明朗，
天空中装甲车铿锵作响。
轰鸣声在大地上横行，

① 九兰：《反法西斯的英雄城市——苏联的明斯克》，《苏联东欧问题》1985 年第 3 期，第 92—93 页。

树木在树脂里惆怅。
升起的烟雾与灰烬如十字般交错。
鹳鸟从不在屋檐下筑巢。

尘封的树迎接着秋天。
无法唱歌的人，只好放弃歌唱。
爱情不是为我们准备的，是吗？
现在更需要的是什么？是仇恨！
升起的烟雾与灰烬如十字般交错。
鹳鸟从不在屋檐下筑巢。

大地和水流在呻吟。
森林如往常一样，树冠茂密。
只是更多的奇迹都在
用战前的声音呼唤着森林。
大家悲痛着奔向东方。
鹳鸟再也不随处歌唱。

空气中弥漫着各种声音，
此时开始轰隆作响。
甚至是铿锵的马蹄声——也变得沉重。
如果有人想要尖叫——就得学会低语。
大家悲痛着奔向东方。
屋顶上再也没有了鹳鸟。①

鹳鸟是一种生活在炎热的尼罗河地区的候鸟，在夏天的时候飞到北欧避暑，它们喜欢在人们的屋顶上筑巢。诗人透过鹳鸟的视角描绘出战

① Владимир Высоцкий，《Нерв》，《Современник》，1981，С. 31－33.

争带来的不幸，例如，人们向东迁徙逃避战争，正如鹳鸟北飞避暑；喜好在高处筑巢的鹳鸟也像人们一样，亲眼目睹了硝烟四起的景象；无论是人还是鸟，都由于战争而无法歌唱。同时，鹳鸟也象征着勇敢的游击队员，尽管敌人已经占领家园，他们也从不屈服。无论如何，为了逃离战争，大多数人还是像鹳鸟一样，离开了家乡。片末，在纷飞的战火声中，安娜与两个儿子坐上开往游击队的马车，此时响起了《关于新时代的一首歌》：

> 我们的时代是别样的，是凶恶的，但幸福，就像找寻往昔！
> 幸福正在逃走，我们在后面飞快地追寻。
> 只是在这场赛跑中，我们失去了一些优秀的同志，
> 只是在这次奔跑里，我们没有发现他们已经不在。
>
> 我们还会长期把火焰误认为灾难，
> 把鞋发出的声音视为不祥之兆。
> 战争会被孩童的游戏换上陈旧的名称，
> 人们也会仍被分为友军或者敌军。①

在展望未来的同时，人们常常回顾往昔，缅怀过去。所谓的“新时代”，在这里只是对和平的一种向往，未来的和平与往昔的幸福有一个共同点，就是它们都不属于当下。诗歌中提到了那些战争年代所留下的阴影，它们会一直伴随着存活下来的人们，由此也能看出诗人对于战争的态度，一直都是悲观的。安娜和儿子坐着马车赶往“新时代”，而下一幕的主角就是坐在她身边的儿子们。

3. 《儿郎奔赴战场》

两部曲的第二部《儿郎奔赴战场》，与《屋檐下的战争》一样，片

---

① Владимир Высоцкий，《Нерв》，《Современник》，1981，С. 30 – 31.

头是主角的面孔，只是这一部换成了儿子阿纳托利。安娜与儿子们走下马车，向森林深处的游击队走去，这时响起了片头曲《大地之歌》（Песня о земле）：

是谁说过："把全部焚烧，
再也不向土地播种一粒种子？"
是谁说过，大地已经死去？
不，它只是暂时隐匿。

大地的母性取之不尽，
就好像舀不完的海水。
是谁曾相信，可以把大地烧尽？
不，它只是痛苦地变为一团黑。

壕沟如切口般躺下，
弹坑如伤口般张开。
赤裸着的大地神经
很清楚不属于自己的伤痛。

大地忍受着，等待着一切过去，
别把它看成一个残疾。
是谁说过，大地不会歌唱，
说它会永远沉寂？！

不，它只是在低沉地呻吟，
用尽所有伤痛和所有出路，
要知道，大地是我们的灵魂，
千万双鞋都踏不破的灵魂。

是谁说过，大地已死？
不，它只是暂时隐匿……①

大地通常被用来象征“母性”，战争时期的母亲们也与大地一样，虽然饱受创伤，但是仍然怀抱希望，因此这是一首充满希望的歌，诗人尝试重新拾起大家对于伟大母性的记忆。在第三段中，战争带来的“壕沟”与“弹坑”分别被比喻为“切口”与“伤口”，这是在把“大地”拟人化，并用 неземной 来形容这种伤痛，这个词有两层含义，一是痛苦的所属，即这种痛苦并不属于大地，二是痛苦的程度，即这是非凡的痛苦。诗人用对比与拟人的手法揭示出战争为大地带来了严重的伤害，同时也在暗指人们在战争中所承受的痛苦是多么可怕。诗人用这首诗来鼓舞人心——要信仰大地，也要相信自己。

阿纳托利和阿列克谢在游击队中逐渐成长，他们在对抗敌人的过程中变得越加勇敢，也收获了同志们的友谊。游击队员尼基塔为了帮助战友顺利脱困，决定独自引开敌人的检查分队，这时响起了《他没有从战场回来》：

为何一切都变了？一切不还是那样：
同样的天空，同样的深蓝，
同样的森林，同样的空气和水，
只是他没有从战场回来。

如今我困惑不已，我们之间谁对谁错，
在那些无休无止的争论里。
我开始不能理解他，
当他没有从战场回来。

---

① Владимир Высоцкий,《Нерв》,《Современник》, 1981, С. 38 – 39.

不合时宜的沉默，跟不上节奏的合唱，
他总说着一些无关的话，
他不让我睡觉，他日出而作，
但是昨天，他没有从战场回来。

春天如同从俘虏中挣脱出来，
不由自主地，我叫住他：
“兄弟，抽会儿烟吧”，而回答，却是空白……
昨日，他没有从战场回来。

窑洞里的空间对我们来说完全足够，
时间也正是为我们二人而流动……
现在孑然一身，只是好像，
是我没有从战场回来。①

这首诗还有另一个名字——《关于朋友的一首歌》，是图洛夫请求维索茨基为这部电影所创作。当时在新格鲁多克的拍摄现场，大家围坐在篝火旁边，图洛夫希望他能写一首关于战争的歌曲，关于失去战友的歌曲。图洛夫说，当最亲近的战友牺牲，自己却活了下来，人们总是会责怪自己。② 于是第二天，便有了这首诗歌。

有学者指出，“维索茨基的诗歌具有对话潜质，不管是在形式上，还是在诗歌内容上，均存在着丰富多样的对话关系”，③ 这首诗就是体现其对话潜质的典范。诗人从疑问开始，指出周围仍然如往常一般，只是战友没有从战场回来，然后回忆起自己与战友的点滴，最后产生了是自己没从战场回来的错觉。整首诗是在与读者进行一次交谈，每段最后一句的重复则加强了读者的参与感，让读者开始思考，“这也许是一个

① Владимир Высоцкий,《Нерв》,《Современник》, 1981, С. 26 – 27.

② Виктор Туров,《О дружбе с Высоцким я молчал 16 лет...》, Беларусь:《Культура》, 1996, с. 42 – 50.

③ 胡学星：《狂欢与对话——维索茨基诗歌研究》，华艺出版社 2006 年版，第 134 页。

战友，也可能是很多个战友”，从而揭示诗歌的主题——死亡总是让人难以接受。

最后，敌军的战斗机炸毁了游击队的根据地，画面再次切回骇人的战场，这时响起同名的片尾曲《儿郎奔赴战场》：

谁将代替我，谁将冲锋上阵，
谁又会走向那座神圣的桥梁？
我不禁想道：“就是他，
那个衣不称体的家伙”。

终于能够如释重负，
因为我看到是谁出现在我身后。
虽然我们再也来不及回顾往昔，
但是儿郎们，即将奔赴战场。[①]

面对战争，无论是军人还是普通人，都会有人选择拿起武器走向战场，而这种不屈不挠的精神则需要得到继承，“儿郎”即代表着新生一代，代表着胜利的希望。诗人站在一位“革命前辈”的角度，将心里话写成了诗。面临牺牲，心中有万千疑惑，谁会来代替自己上阵冲锋，谁会来完成被遗留下的任务，当看到身后前来的“儿郎”，心中悬着的石头也终于落下。就是因为有了这些前赴后继的英勇战士，战争才能取得胜利。

从维索茨基为图洛夫的这三部电影所创作的战争题材诗歌中，可以深刻地体会到战争对于他们那代人的影响。生于30年代末的图洛夫导演也曾多次提到自己的初衷便是“反映那一代人的命运和思想”。[②] 对于白俄罗斯的电影工作者而言，战争类电影已然成为永恒的经典，而这

① Владимир Высоцкий，《Нерв》，《Современник》，1981，С. 39 – 40.

② Виктор Туров，《О дружбе с Высоцким я молчал 16 лет...》，Беларусь：《Культура》，1996，С. 42 – 50.

种不朽的爱国主义精神也已经深入其民族的基因。诗人维索茨基与导演图洛夫的合作在白俄罗斯电影史，甚至在世界电影史上都留下了辉煌的印记。

结　语

维索茨基以不同的身份，用不同的方式踏上了白俄罗斯的疆土，白俄罗斯人民也用自己的方式来纪念深爱的艺术家。他与图洛夫之间的友谊源远流长，他们之间的合作更是千古绝唱。图洛夫的战争电影为维索茨基打通了一架新的桥梁，它通向童年，通向内心深处的奥妙。

维索茨基用自己热情的表演与激情的演唱写下了这一页白俄罗斯篇章，它值得每一位研究者与爱好者用最诚挚的心来珍藏。

乌克兰篇

普希金与乌克兰：影响与接受

徐曼琳*

普希金与乌克兰的关系最早可以追溯到诗人在皇村中学求学时期，最晚直至其悲剧性的决斗，也就是说诗人与乌克兰的不解之缘持续了一生。其中，南方流放时期4年多的时长更成为普希金与乌克兰的亲密接触期，且这种接触的结果诞生了如叙事诗《波尔塔瓦》《高加索俘虏》《茨冈人》《巴赫奇萨莱喷泉》等一大批优秀的文学遗产。

一、南方流放期间与乌克兰的亲密接触

1820年，普希金因写下《自由颂》这首针对沙皇亚历山大一世、沙皇的宠臣戈利岑和修士大司祭福季的讽刺诗被流放到南方，开启了他与乌克兰的亲密接触。普希金在乌克兰一待就是4年（从1820年5月至1824年7月），这期间，普希金出行近二十次，行程达6000俄里，访问了120多个地方，其中有许多地方访问过不止一次。诗人最先到达的地方是第聂伯罗彼得罗夫斯克，之后来到切尔卡什州的卡缅卡、基辅、敖德萨和克里米亚，在乌克兰期间其主要居住地为基什尼奥夫和敖

* 徐曼琳，博士，四川外国语大学俄语学院院长，教授。

德萨，曾与自己的好友拉耶夫斯基一家到克里米亚和高加索地区游览。尼古拉·拉耶夫斯基在基辅有一座庄园，他曾参加1812年的俄法战争，其女儿玛利亚·尼古拉耶夫娜跟随身为十二月党人的丈夫流放到西伯利亚，普希金把自己的长诗《波尔塔瓦》和《巴赫奇萨莱喷泉》题献给她。在基辅，诗人居住过的米哈伊尔·格鲁舍夫斯基家挂着诗人的半身浮雕，在乌克兰的哈尔科夫、基辅、敖德萨等城市竖立着诗人的纪念碑。与“俄罗斯的奥索尼亚”① 和大自然的直接接触唤醒了诗人的心灵，乌克兰的民风民俗、鲜活的民间语言和优美动听的民歌激发了诗人的灵感，可以说，这些保留在诗人心中的美好记忆滋养了诗人的一生。诗人德·别洛夫对此这样评价道：“21岁的青年亚历山大·谢尔盖耶维奇拜访了我们的城市，这位注定将把自己的名字写入俄罗斯文学宝库的年轻人在乌克兰的土地上获取了如此之多的灵感，以至于我们完全有理由将其视为我们的亲人。”②

诞生在第聂伯河畔的乌克兰民族文化孕育了未来的俄罗斯文化，普希金与这个民族的直接接触无疑是诗人对这个斯拉夫民族文化产生强烈兴趣的重要原因。但是，即或没有专制君王的流放令，恐怕在19世纪前30年俄罗斯浪漫主义勃兴的时期，普希金也不可能不对乌克兰的历史、民俗和民族志产生强烈的兴趣。普希金之家的研究员尼·皮克萨诺夫曾就这个问题在《论经典》一书中写到：“（19世纪）二三十年代，出现了乌克兰文化向俄罗斯文化最为明显的输入和扩展的趋势”③。

普希金与乌克兰文化代表人物的个人关系和创作上的联系也持续了一生，如安·波戈列里斯基、奥·索莫夫、尼·马尔凯维奇、德·奥兹诺比申、马·马克西莫维奇、列·雅库博维奇，其中来自波尔塔瓦的尼·格涅季奇是第一位把《鲁斯兰与柳德米拉》和《高加索俘虏》变

① 奥索尼亚是古罗马时期对意大利的诗意称名，普希金的同时代人用“俄罗斯的奥索尼亚”来代称乌克兰。

② Белов Д.，“В Киеве Пушкин бывал в пещерах и Софии，а жил напротив Верховной Рады.”［Электронный ресурс］. – URL：https：//kp. ua/culture/182755 – v – kyeve – pushkyn – byval – v – pescherakh – y – sofyy – a – zhyl – naprotyv – verkhovnoi – rady.（дата обращения：24. 02. 2020）

③ Пиксанов Н. К.，“О классиках”，М.，1933，С. 54.

成铅字的人，当然，其中最引人注目的当属在乌克兰诞生和成长起来的伟大的作家果戈理，他的《狄康卡近乡夜话》《密尔格拉德》等作品散发着乌克兰大自然和民俗文化的芬芳，关于二者的关系已有无数的论著提及。

二、流放之前乌克兰的社会文化状况

乌克兰的第聂伯河岸是俄罗斯文化的起点，基辅被称为俄罗斯的城市之母。988 年基辅大公弗拉基米尔带领罗斯人在第聂伯河接受洗礼，造就了一个信奉东正教的民族。然而，15 世纪末期文化中心从基辅转移至莫斯科之后，一直到 18 世纪末至 19 世纪初，才迎来了乌克兰文化发展史上一个重要的民族文化复兴时期。

这一时期，叶卡捷琳娜二世采取了一系列措施取消乌克兰自治，1764 年废除了盖特曼政权，[①] 1775 年取缔了乌克兰扎波罗热地区的自治组织——塞契，1783 年把哥萨克的军团改编为卡宾枪手团，同年在第聂伯河左岸的乌克兰实行农奴制，1786 年关闭了许多修道院并没收其土地和财产，最终把乌克兰变为一个省。1795 年波兰最后一次瓜分乌克兰之后，乌克兰右岸地区吞并了左岸地区，基辅成为唯一的一个民族文化中心，因那里有乌克兰唯一的高等学府——基辅莫吉拉学院，那一时期这个学院在宗教、历史、教育等多方面对乌克兰都有着重要贡献，学院的毕业生中有不少活跃在俄罗斯、波兰、塞尔维亚等乌克兰以外的学者和教育家，如格·斯科沃罗达、格·波列季卡、马·别列佐夫斯基、亚·别兹博罗德科等。但 1780 年发生了一个悲剧性事件，这个学院所拥有的乌克兰最大的图书馆被烧毁，这一事件直接导致该学院在 18 世纪后期的衰落。

1805 年在哈尔科夫成立的第一个乌克兰大学取代了基辅莫吉拉学

① 盖特曼政权是 17—18 世纪乌克兰最高政权的一种组织形式，是俄罗斯统治下的地方自治政权。

院的地位，这个大学聚集了一大批乌克兰最优秀的科学和文化代表，在哈尔科夫还建立了浪漫主义文学家联盟。乌克兰民族文化的振兴与1798年科特利亚列夫斯基创作的叙事诗《埃涅阿斯纪》的面世以及哈尔科夫文学家联盟的成立不无关系。《埃涅阿斯纪》第一次把鲜活的乌克兰民族语言引入了文学，而哈尔科夫文学家联盟为《哈尔科夫德谟克里特》《乌克兰导报》等期刊的发行奠定了基础。民族复兴基于历史传统和民族情感的激发，这促进了对民族志，对民族过往的历史，对该民族在各方面的创作成果深入而长久的兴趣。对“乌克兰”这个民族，已经不再从盖特曼政权和编年史的角度来理解，而更多地体现在鲜活的民间歌谣、思想、仪式、风俗和语言之中。

浪漫主义文学是当时乌克兰文学富有创造性的成果之一。1819年，尼古拉·策尔杰列夫出版了第一部乌克兰民诗集，这个集子中的诗歌以其悦耳的声调和语言之美堪比荷马和奥西恩，这部诗集之后又出现了一系列类似的出版物，如马尔凯维奇、马克西莫维奇以及卢卡舍维奇等人编辑出版的书。“人民与历史”的主题成为浪漫主义文学的重要主题，不仅成为浪漫主义流派的组成部分，而且成为民族自我意识形成、成熟及巩固的因素，浪漫主义诗人歌颂对自己的人民和祖国无限忠诚的哥萨克民族英雄。普希金的朋友、乌克兰作家、历史学家和民族志学者马尔凯维奇给雷列耶夫写信时这样写道：“我们没有忘记那些伟大的乌克兰壮士的事迹，在我们许多人的心里对祖国的情感和忠诚一点没变，因为在我们之中波卢博托克的精神仍然还在。”①

科特利亚列夫斯基之后乌克兰出现了一大批作家、诗人和剧作家，如格·克维特卡、彼·古拉克—阿尔乔莫夫斯基、叶·格列宾卡、阿·梅特林斯基、卢·博罗维科夫斯基等。阿·什皮戈茨基以《小俄罗斯叙事诗》开启了民间叙事诗体裁，帕·别列茨基—诺先科写下了民诗改编的作品，斯·皮萨列夫斯基则完全以民诗形式创作了轻歌剧《伊万库帕拉节》。这些作家中许多人不仅是普希金在乌克兰的朋友，而且也是他

① 巴维尔·列翁季耶维奇·波卢博托克：扎波罗热军队的军事和政治活动家，切尔尼戈夫团团长。

在首都莫斯科生活时就已经熟悉的人。他们创作的这些具有浓郁乌克兰民风民俗的作品构成了年轻的普希金到来之前乌克兰浪漫而芬芳的文学世界。

三、乌克兰民诗对普希金的影响

普希金对乌克兰历史和文学的了解，实际上从他在皇村中学学习时就开始了，因皇村中学的教学大纲中就有南俄的文化，其中最重要的就是古罗斯的历史以及民间口头创作，特别是叙事体裁的作品。皇村中学时期，他的同学伊·马利诺夫斯基、阿·伊利切夫斯基、阿·马尔丁诺夫以及他们的文学老师伊·马尔丁诺夫，历史老师伊·凯达诺夫等人都有乌克兰背景。皇村中学时期，普希金就对亚·沙霍夫斯科伊的轻喜剧《哥萨克作诗者》等作品中那些旋律优美的乌克兰民歌有所了解，他的《哥萨克》一诗无疑就受到了这些乌克兰民歌的影响。

在普希金的创作中乌克兰母题的出现是与诗人对古罗斯的壮士歌、童话以及史诗的兴趣联系在一起的。1820 年南方流放之前，普希金已经在写叙事诗《鲁斯兰与柳德米拉》，到乌克兰以后，1822 年写下了《先知奥列格之歌》，这是诗人自童年时代起就耳熟能详的斯拉夫人的古老神话故事。在普希金的整个创作生涯中，对乌克兰的民间文化表现出了从未熄灭的兴趣。苏联民族志学者政论作家弗·邦奇—布鲁耶维奇在《真理报》1936 年 12 月 11 日登载的文章中谈到，普希金到访卡缅卡时常常走进农民的农舍，与他们交谈，倾听盲人抒情诗人的歌谣，甚至还把这位诗人带到自己的朋友达维多夫家；众所周知，在叶卡捷林诺斯拉夫他记录下两篇民间童话；他 1834 年写下的叙事诗《轻骑兵》借用了当时在乌克兰民间流传甚广的母题：士兵携巫婆飞到女妖的晚间聚会；而《波尔塔瓦》的诗行中“乌克兰盲人歌手”的形象则是诗人对乌克兰民风直接观察的结果。

来源于民间口头创作以及策尔杰列夫、马尔凯维奇、马克西莫维奇等人集子中的乌克兰歌谣普希金烂熟于心。他的乌克兰朋友和熟人还经常给他讲一些生动的故事使他对乌克兰的兴趣一直不减。“就在诗人决斗之前不久，他还购买了卢卡舍维奇的《小俄罗斯和切尔沃诺俄罗斯的民诗和歌谣》(1836) ……在果戈理赠送给他的书背面，诗人还写下了流传甚广的乌克兰民间歌谣的句子。”① 普希金在给果戈理写的书评中强调丰富的民族志和民间文学素材是其创作的重要特点。普希金曾为之写下过著名诗篇《致凯恩》的安娜·凯恩出生于波尔塔瓦，普希金也在她的朋友圈中听到了乌克兰的民间歌谣，并且对他的创作产生了影响。凯恩回忆道：“有一次他到我这里来，给我看他写给我在小俄罗斯的妹妹的信，其中有这样的诗句：

> 当上帝饶恕了我们，
> 当我不会被钉上十字架，
> 那时我将匍匐在您脚下，
> 躺在乌克兰的樱桃树荫之中。②

樱桃树的优美意象无疑展现出陶醉在乌克兰文化中的普希金在南方流放期间获得的丰富营养和充沛的创作灵感。

四、乌克兰文学对普希金的接受

普希金在世时乌克兰人就已经开始译介他的作品。乌克兰浪漫主义诗人之一的波罗维科夫斯基1830年发表了《两只渡鸦》的乌克兰语译文，稍后又发表了《冬天的夜晚》的译文。1831年在《乌克兰文集》和《莫斯科电讯报》上刊载了由施比戈茨基和格列宾卡合译的《波尔

① Яков Б.，“Пушкин и Украина，‘Родная речь’”，№ 2，Ганновер (Германия)，1999，Обретенный уникум，С. 4.

② Керн А. П.，“Воспоминания”，Дневник，Переписка，М.，1974，С. 32.

塔瓦》的一部分译文。

19 世纪下半叶，乌克兰文学对普希金遗产的接受大大推进了一步。卢丹斯基翻译了《先知奥列格之歌》和《波尔塔瓦》，当然这种翻译在某种程度上更像是改编。斯塔里茨基翻译的作品有《乡村》《囚徒》《乌云》《纪念碑》等，格林琴科、斯捷申科、纳弗罗茨基以及萨米连科等人在翻译普希金的作品中也做出了一定的贡献。被誉为乌克兰文学中流砥柱的伊万·雅科夫列维奇·弗兰克出版的第一部集子《叙事诗与短篇小说》（1876）中就有《美人鱼》和《两只渡鸦》的译文，他最后的几本书之一就是由他自己翻译并撰写前言和注释的普希金的《戏剧作品》（1914）。在《黑暗的王国》一文中，弗兰克认为："三位伟大的俄罗斯作家——普希金、格里鲍耶多夫和莱蒙托夫都过早地离世，但是他们的作品，尤其是可以被称为他们最后话语的作品（格里鲍耶多夫的《聪明误》、普希金的《叶甫盖尼·奥涅金》、莱蒙托夫的《当代英雄》）一直在读者的手中流传，并且对他们的思想和信念产生了巨大的影响……"① 关于弗兰克对普希金的热爱，雷利斯基写道："就连在病中，在生命的最后时刻，他也在翻译普希金的《小悲剧》，趁他的手还能握笔，赶着结束这项工作，这项伟大的功绩表达了对普希金的爱。"②

雷利斯基本人就是普希金传统的继承人，是普希金作品在乌克兰传播做出重要贡献的优秀译者，他在 20 世纪初曾表达过这样的意思："我找不出一位没有在自己身上感受过普希金天赋的气息，没有翻译过普希金，没有写过普希金的乌克兰诗人。"③ 雷利斯基自己的创作在很大程度上印证了这些话，他曾经翻译过《叶甫盖尼·奥涅金》《青铜骑士》以及许多普希金的抒情诗，他的译文早就成为普希金诗作的经典乌克兰语译本，不仅如此，他还在自己的作品中使用与普希金作品有关联的语句，摘选普希金的诗句作为自己诗作的题词，并且写下了普希金组诗献给这位伟大的诗人。

---

① Яков Б.，“Пушкин и Украина，‘Родная речь’”，№ 2，Ганновер（Германия），Обретенный уникум. 1999，С. 9.

② Рыльский М，“Сочинения в 10 томах”，Киев，1962，т. 10，С. 28.

③ Рыльский М，“Сочинения в 10 томах”，Киев，1962，т. 10，С. 28.

当代乌克兰文学的奠基人之一，写下了无数诗作献给普希金的巴维尔·特钦纳在一次演讲中几乎是以格言式的语言结束自己的话：“普希金是我们与过去的联系，普希金是我们向未来的飞翔，普希金是我们创作灵感的源泉，普希金是永远与我们同在的当代人……”①

无疑，对这位伟大的俄罗斯诗人的形象和创作的接受，雷利斯基和特钦纳的态度在其他乌克兰作家的创作中也得到了印证并获得了进一步发展。巴然在文学随笔《向手稿鞠躬》中写道：“我带着惊讶与赞叹的心情仔细阅读普希金的手稿，我的心被一种高昂的激情，固执的探索和反抗的勇气点燃。”②

五、普希金对乌克兰诗歌的影响

在乌克兰文学中受普希金影响最大的诗人无疑是舍甫琴科，他被誉为“乌克兰的普希金”。20 世纪三四十年代，舍甫琴科居住的圣彼得堡笼罩在俄罗斯诗歌的太阳陨落的氛围中。当时的著名诗人茹科夫斯基曾对舍甫琴科照顾有加，著名作品《庞贝城的末日》的作者、被舍甫琴科称为“伟大的卡尔”的布留洛夫 1849 年完成了根据普希金的诗《巴赫奇萨莱喷泉》的情节创作的作品，他给舍甫琴科讲述了与普希金在其工作室的最后一次见面。1824 年普希金从敖德萨离开曾经到访过格列宾卡、马尔凯维奇、谢普钦、罗德兹昂科等人的庄园，舍甫琴科 40 年代也曾去拜访过。许多人向他讲述了普希金对乌克兰历史和民间创作的浓厚兴趣，这不可能不在舍甫琴科心里产生反响。

普希金对舍甫琴科的影响不仅体现在舍甫琴科对其诗句的仿拟，也体现在体裁、题材、主题、情节以及形象体系等多个方面。

普希金《先知》一诗的末尾，诗人号召“用语言点燃人们的心灵”，在舍甫琴科的诗作中有对此诗行的呼应。普希金的《高加索》一

① Тычина П, “Сочинения в 6 томах”, Киев, 1962, т. 6, С. 71.

② Бажан Н, “Сочинения в 4 томах”, Киев, 1975, т. 4, С. 169.

诗的结尾在舍甫琴科的同名诗作中把普希金诗中的“沉默的峭壁可怕地把它钳制”扩展为：“狂野的自由被法律钳制”，充满了对高加索被奴役人民的深切同情。

普希金早期的一首抒情诗《秋天的阴雨之夜》与舍甫琴科的一首描写生下非婚生子后被遗弃的姑娘的叙事诗主题相吻合，这个主题在舍甫琴科的创作中贯穿始终，普希金创作的晚期也在《美人鱼》一诗中再次回到这个主题，而他这首未完成的作品似乎在舍甫琴科的《美人鱼》中画上了完美的句号。社会巨变的主题在普希金的《鲍里斯·戈都诺夫》《上尉的女儿》以及他未完成的《骑士时代的剧幕》等作品中占据了很大的篇幅，舍甫琴科的创作也十分贴近这一主题。他特别喜欢《骑士时代的剧幕》，在1858年1月12日的日记中他这样写道：“读完《骑士时代的剧幕》被外省的寒冷凉透的心暖和过来了”，他还曾在中篇小说《双生子》中回忆起《上尉的女儿》中的普加乔夫形象：“那个威严的人骑着白马，头戴黑色皮帽，身穿红色长斗篷”。[①]

普希金笔下的沙皇形象多种多样，从《自由颂》中的“专制的恶棍”到《叶甫盖尼·奥涅金》中的“软弱而狡猾的当权者”，从《毒树》中用眼光向奴隶喷射毒液的沙皇到懒惰的、傻头傻脑的、好脾气的沙皇形象在舍甫琴科的《阿波罗的老姐妹》《扫罗》《梦》等诗中也得以复现。普希金的缪斯形象也经常出现在舍甫琴科的创作构思中，并常常与他的感受结合在一起，帮助他理解俄罗斯的现实。在这一点上他1857年7月19日的日记所写的“叛徒皮萨廖夫和他冷酷的靠山以及冷酷的美人伴侣”以及由此产生的构思：“在等待早晨到来的时候我在这一扎实的基石上搭好了叙事诗的骨架，这首叙事诗有点像普希金的《安吉洛》，只是我把故事发生的地点挪到了东方，并把这首诗称为《萨特拉普与达维什》，[②] 只是令人遗憾的是这个构思最终未能得以实现。”[③]

---

① Шевченко Т., Близнецы. ［Электронный ресурс］. – URL：www. litmir. me/br/? b = 203646&p = 1.（дата обращения：12. 03. 2020）

② 萨特拉普：波斯古国的君王。达维什：穆斯林的游历修士。

③ Яков Б. “Пушкин и Украина，‘Родная речь’”, № 2，Ганновер（Германия），1999，Обретенный уникум，С. 8.

对普希金和舍甫琴科的研究在雷利斯基心里唤起一种自然的联想：舍甫琴科和普希金一样，也是不朽的诗人："你的手从特维尔大街一直伸到了古老的基辅。我们为两位歌手骄傲。"雷利斯基在《献给俄罗斯永恒的爱》一文中这样写道："重读普希金和舍甫琴科的作品，我们不能不说，两位诗人都用自己的心，以自己的方式紧紧抓住那束人民自由和幸福之光。"

舍甫琴科的朋友库利什认为，舍甫琴科像热爱自己的民族史诗一样热爱普希金，他用乌克兰民间歌手科勃扎①的思想温暖自己的心灵，他熟知俄罗斯的荷马、品达、索福克勒斯的所有诗句，舍甫琴科对普希金的爱是自然生发的，他的诗与普希金诗作的呼应也顺理成章。库利什在分析了《盖达马克》和《科勃扎》两首诗之后指出，普希金的诗对于舍甫琴科来说，就是最值得仿效的典范。库利什本人对普希金的热爱转化为景仰，贯穿了他的一生及其创作。他曾于 1847 年创作了诗体长篇小说《当代叶甫盖尼·奥涅金》，尽管不成功，但是我们很清晰地看到普希金对其产生了多么巨大的影响，正是库利什第一次尝试在乌克兰文学中塑造普希金的诗学形象，其作品《对鞑靼人与黑人的沉思》就是对卡拉姆津和普希金的分析。也许，没有任何一位乌克兰作家像库利什一样常常提到普希金，称普希金为"不朽之不朽"。

不仅仅是舍甫琴科，普希金对乌克兰诗人的影响是极为广泛的，例如，乌克兰当代著名女诗人莱西·乌克兰卡就是其中之一，她的《石主》一诗中的"唐璜主题"，很明显其灵感就来源于普希金的《石客》，当然，女诗人在作品中提出的问题有别于普希金，也按另一种方式理解和阐释我们熟悉的形象以及他们之间的关系："在科曼多尔身上体现出的石头般的保守天性战胜了因骄傲的内心分裂的自私女人——多娜·安娜，且通过她战胜了唐璜这个'自由的骑士'。"②

---

① 科勃扎：乌克兰民间歌手，叙事诗体裁的重要代表，常常用乌克兰老式弹拨乐器科勃扎、班杜拉琴和轮式里拉琴三种乐器为自己的演唱进行伴奏。

② Леся Украинка, "Собрание сочинений в 12 томах", Киев, 1979. Т. 12, С. 396.

结　语

在乌克兰的普希金学研究中，不仅有对普希金创作的研究还有对普希金与乌克兰关系的研究，如捷列先科、帕夫雷奇克、德拉奇等人都对普希金与乌克兰的关系进行研究并以自己的方式进行阐释。“我们感谢普希金对我们这片土地的热爱，对第聂伯河的热爱，对我们的历史的热爱，扎格列别利内说，我们感谢他，一个半世纪以来他向我们走来，带着自己的天赋并慷慨地将它赠予我们。”① 另一位当代乌克兰作家奥利内克用自己的语言似乎是在继续这一思想：“对我们乌克兰人来说，亚历山大·普希金之所以珍贵，皆因在那些优美的篇章中还投射着他颤动的心温存地爱着的乌克兰的蓝色反光。”②

可以说，普希金与乌克兰的关系是一种影响与被影响，接受与被接受的关系，乌克兰文化及其民间诗歌极大地影响了普希金的创作，而乌克兰文学对普希金创作的接受又结出了新的文学硕果。普希金曾对拜访他的马克西莫维奇说过的一句话也许最能概括乌克兰文化与民诗对他的影响：“我模仿了您的歌。”③ 乌克兰的历史文化丰富了普希金的创作内涵，而乌克兰的民诗和歌谣无疑为普希金的诗歌注入了新的形式上的美。反之，对普希金的接受使乌克兰文学诞生了一大批以舍甫琴科为代表的优秀诗人和作家，普希金与舍甫琴科为代表的乌克兰文学家及其作品一起，已然成为俄罗斯和乌克兰共同所属的东斯拉夫文化的瑰宝。

---

① Яков Б. Пушкин и Украина, “Родная речь”, № 2. Ганновер（Германия）. 1999. Обретенный уникум. С. 11.

② Олийнык Б. Планета Пушкина, “Советское литературоведение”, 1979, № 9, С. 18.

③ Яков Б. Пушкин и Украина,《Родная речь》, № 2, Ганновер（Германия）, 1999, Обретенный уникум, С. 10.

现代乌克兰语构词积极进程

——以复合词为例

付　景*

复合词的大量衍生是现代乌克兰语构词发展的一大标志。通过юкстапозит（并列复合词）、композит（组合复合词）、абревіатура（缩写复合词）这几种构词方式派生出的词汇都属于此类称名词。

在乌克兰语词法学和构词学中，复杂的构词衍生单位成为许多语言学家在不同时期研究的对象。众多语言学家研究并描述了并列复合词和组合复合词的词素结构及其语义构词特征，句法类型。他们总结梳理了缩写复合词的衍生机制，找出了缩写复合词词汇单位种类，并尝试对不同复合词的词素进行划分整理。乌克兰语言学家克利缅科在专著《现代乌克兰语中复合词的构词结构和语义》中阐述了复合词的性质，这是乌克兰语言学中对复合词最全面和透彻的研究，备受后人推崇。尽管在词素和构词学领域与复合词构词单位相关的研究取得了较大进展，但对复合词的研究中仍有许多问题需要语言学家努力解决。这其中包括，对复合词构词含义的阐释，产生复杂派生词的构词类型的定义和描述，由词干组合构成的词汇单位及某些缩写复合词类型区分，缩写复合词的词素结构的研究，缩写复合词词素、缩写复合词词根、缩写复合词前缀等概念的理论依据等。对组合复合词称名结构形成路径的研究仍是一个重要

* 付景，博士，四川外国语大学俄语学院副教授。

的问题。目前，对各种积极衍生的复合词的科学正字法和词法学规范化是非常必要的，毕竟它们的派生（特别是基于外来语言单位派生的复合称名词）伴随着不稳定的拼写现象，因此现在已经非常活跃地产生了。乌克兰语中已出现这些词汇的大量变体拼写。上述所有问题对于研究乌克兰语的词素—构词系统具有重要意义，并且需要在不久的将来得以解决。

本文的目的是研究作为现代乌克兰语构词法发展的规律之一的复合词构词方法（并列、组合和缩写）。我们研究的对象物是乌克兰语中词语衍生的现代过程。我们分析的对象是复合词派生方式的派生率增长，这是词语派生过程的重要特征。对语言整体及其各个子系统发展趋势的研究一直是语言学家关注的焦点。这样的研究使语言学家可以预测语言的发展前景及语言未来的功能运作。

一、现代乌克兰语中的并列复合词与组合复合词

研究表明，现代乌克兰语构词的发展规律之一就是复合词汇的大量衍生，尤其是名词组合构成法（并列复合词）和合干法（组合复合词）。构词方式的派生能力的提高是社会历史上过渡时期语言的标志，苏联解体后现代独立乌克兰的形成与发展就是在这样的时期。例如，在20世纪上半叶，我们可以观察到复合词，包括缩写复合词衍生非常活跃的过程，这也与乌克兰的社会政治变化息息相关。我们尝试分析一下，现在乌克兰语中复合衍生词积极派生的原因。词汇单位积极派生的主要媒介是新闻和口语体裁。其中网络交流占据了重要的地位。我们的研究主要基于对媒体语言相关的观察，包括乌克兰广播公司第一频道的节目。斯基绍夫指出，乌克兰大众媒体的语言反映了现代乌克兰语的状态，反映了它的多功能性、知识化程度、字典的更新和修辞重组①。因

① Стишов О. А.,“Українська лексика кінця XX століття（на матеріалі мови засобів масової інформації）：монографія”，К，КНЛУ，2003，С. 12.

为语言标准在大众传媒中产生，形成观众或听众特定的语言品味，并在此基础上激发他们自身的构词能力等。上述几点使得大众传媒成为研究语言积极进程的重要来源。

除了语言外的因素需要，语言内的因素也促进了新词的大量产生。即兴构词是现代派生过程中最典型的特征之一。新词的产生主要有两个方面的原因。第一，最准确、最快速地去为没有名称的物品、现象、行为、过程等命名；第二，对语言压缩简化的渴望与追求。在词汇形成过程中，随着乌克兰社会中蓬勃迅速的社会政治变化，森严审查制度的取消，乌克兰公民内心特别是记者内心获得更多创作自由，这促使许多潜在词汇及随机词汇（оказіоналізм）产生，其中就包括很多通过名词组合构成法（并列复合词）和合干法（组合复合词）这两种构词方式派生的词汇，如：агресивно-слухняний（咄咄逼人又顺从听话的）、актор-волонтер（志愿演员）、аудіогід（语音导游）、банк-одноденка（开办不久就倒闭的银行）、банкопад（银行倒闭潮）、барабанотерапія（鼓声疗法）、бебі-бум（婴儿出生潮）、велоспільнота（自行车爱好者社区）、велошкола（自行车学校）、військово-цивільний（亦军亦民）、водій-оператор（操作驾驶员）、волонтери-ремонтники（志愿修理工）、гаджетопроникність（小工具渗透性）、грантодавець（捐款人）、грантоспоживач（捐赠受让人）、громадянотворення（公民组织）、грошозбиральний（敛财的）、грошопровід（输钱管道）、депутат-неофіт（新当选议员）、електрозлодій（偷电的人）、енергоощадівець（节能器）、іміджкомплекс（综合形象）、книгочитання（书籍阅读）、країна-терорист（恐怖主义国家）、курсоутворення（汇率调控）、ланч-конференція（午餐新闻会）、ленінопад（列宁像拆毁潮）、майстер-клас（大师班）、мандатоносець（拿委任状的人，即议员）、медіа-магнат（媒体大亨）、медіа-сніданок（媒体早餐）、монахи-погромники（打砸抢的修道士）、московськозлодійський（莫斯科坏人的）、оскароносний（奥斯卡的）、піар-довіра（公共关系托付）、плащ-трансформер（能变化的风衣）、президент-втікач（总统—逃跑者）、

пресофіцер（媒体军官）、прокуроропад（检察官清洗潮）、ректоропад（校长清洗潮）、рок-коляда（摇滚圣诞节）、самоімідж（自我形象）、сатирик-шовініст（讥讽者—沙文主义者）、сепаратист-гастролер（分裂主义者-演员）、скайпзв'язок（skype 联系）、старопередноворічний（旧历新年的）、стресостійкий（抗压力的）、тарифоутворення（汇率调控）、теплопункт（供热点）、уряд-камікадзе（临危受命的政府）、урядовець-грубіян（粗鲁的官员）、фахівець-іміджмейкер（专业形象打造者）、фури-заручниці（人质货车）、червонохрестівець（红十字会工作人员）等。还有不少含有词首元素 бізнес（商业买卖）的派生词汇：бізнес-гравець（商业玩家）、бізнес-ініціатива（商业提议）、бізнес-комунікації（商业联系）、бізнес-користь（商业利益）、бізнеслобі（商业游说）、бізнес-мета（商业目的）、бізнесоорієнтований（商业导向的）、бізнес-партнер（商业伙伴）、бізнес-проект（商业项目）、бізнес-режим（商业模式）、бізнес-рішення（商业方案）、бізнес-центр（商业中心）等。

在复合词中也能见到不少这样的派生词：这些派生词构词结构的一个元素（词根）是乌克兰语书写或拉丁字母书写的外来词（варваризм）：арт-хауз（艺术沙龙）、бізнесвумен（商业女强人）、полісвумен（女警察）、квест-кімната（密室）、джазвумен（爵士女歌手）、ньюджаз（新爵士乐）、онлайнаудіоекскурсія（线上音频游览）、онлайнзнущання（网络欺凌）、онлайнлічильник（网上柜台）、онлайннавчання（网络学习）、офлайнурок（线下课程）、фудпринтер（食物打印机）、шоу-рум（展示厅）、newромантик（新浪漫主义者）、new-українець（新乌克兰人）、NEXT-покоління（下一代）等。我们注意到，几乎所有的复合词形单位都是名词，极少数为词语合并构成的形容词，如 бабак-синоптик（天气预报员奶奶）、боєць-доброволець（志愿军士兵）、водій-оператор（操作驾驶员），纯词干组合构成的复合词，如 московсько-злодійський（莫斯科坏人的）、родознавець（家谱撰写人）、теплопункт（供热点）、词干组合加后缀构成的复合词，

如 корупційномісткий（贪污腐败的）、рекламодавець（广告主）、червонохрестівець（红十字会工作人员），词干组合加无词缀构词法构成的复合词，如 банкопад（银行倒闭潮）、казнокрад（亏空国库）、кнопкодав（只会机械式按钮投票的人——议员）、прокуроропад（检察官清洗潮）。

学者波及哈指出，复合词更全面地表达新概念。复合词兼具言语简洁和语义饱和度的特点，体现出语言手段的节省①。由于其结构的特殊性，复合构词单位很容易将乍看起来语义上不兼容的成分组合在一起，从而赋予新概念以生命。复合词的这些特性使得在社会历史发展的过渡时期，其在语言中的构词能力得到显著提升。大众传媒语言的标志之一就是日常性（повсякденність）。乌克兰国家电台第一频道播出的节目中充满各种各样的复合词，其目的是反映该国乃至世界的日常政治和经济状况，与教育、科学、卫生、文化、不同宗教派别的活动、体育等有关的事件。值得一提的是，对乌克兰东部“反恐行动（АТО – Антитерористична операція）”及所有与之的信息报道占特殊地位。有较大一部分复合派生词是新的、临时出现的，使用时间不长，只有一段时间甚至只有一两天。其功能不仅仅是准确地为现象、事件、过程、著名政治人物和公众人物参与的活动等进行描述称名，还有对其进行完整的评价。让我们看看示例。2013 年 12 月，在基辅发生广场颜色革命事件期间，位于市中心的一座列宁雕像被损坏并拆除。紧接着对这位苏联奠基人纪念物（像）的毁坏拆除行动浪潮席卷乌克兰全国。作为这一过程的反映和体现，大众传媒中开始积极使用词汇 ленінопад（列宁像拆毁潮）。此后全国上下又纷纷展开清洗活动，很多抗议者觉得可恨可憎的高校校长、检察官被开除职务，又出现了根据这个构词模型派生的词汇，如 ректоропад（校长清洗潮）、прокуроропад（检察官清洗潮）这样的派生词。广场革命与经济危机的重创，使金融系统中出现变化，导致一些银行破产，这个过程也有了自己的名称 банкопад（银行倒闭

① Потиха З. А.，“Современное русское словообразование：пособ. для учителя”，М.，Просвещение，1970，С. 163.

潮）。乌克兰国家银行行长宣布要把 зомбі - банк（僵尸银行）从银行系统里清理出去。广场革命后第一任总理把新任命的政府称为 уряд - камікадзе（临危受命的政府，拯救人民于水火之中）等。被任命部长的特殊性反映在诸如 міністр - варяг（瓦良格人—部长），міністр - професіонал（部长—专业人士）、міністр - технократ（技术型部长）、прем'єр - реформатор（总理—改革者）、урядовець - грубіян（粗鲁的官员）等复杂衍生词的语义上。而当选的民意代表，即议员由 депутат - мажоритарник（多数代表制议员）、депутат - неофіт（新当选议员）、депутат - прогульник（经常不参加议会会议的议员）、депутат - радикал（极端派议员）、кнопкодав（只会机械式按钮投票的人（议员））、мандатоносець（议员）等诸如此类的复合词称名。乌克兰最高拉达（议会）中反对派议员的特征则借由如 московсько - злодійський（莫斯科坏人的）等形容词来描述。

又例如乌克兰语中词汇 волонтер（志愿者）又获得了新的义项——自愿免费向反恐行动区的士兵、医院提供援助，并帮助来自乌克兰东部的流离失所者的人。在这个词的基础上，为体现志愿者活动的特点，派生出了 актори-волонтери（志愿者演员）、артволонтери（志愿者画家）、волонтери - ремонтники（修理工志愿者）、підприємці - волонтери（企业家志愿者）、психологи - волонтери（志愿者心理医生）、юристи-волонтери（志愿者律师）等复合词。有不少情况下仅在使用复合构词单位的上下文中才能理解它们的含义。如：святково - трудові будні（节假日—工作日）这是关于节假日中各种表演者仍坚持工作，курортно-вогнепальний роман（度假地火拼的浪漫史），涉及在外喀尔巴阡山地区一座城市中与“右翼”组织战士有关的武装事件，конституційно-коаліційні зміни（宪政联盟修正案），关于在最高拉达（议会）的一次会议上讨论过的相关问题，посадопотоки（官员任命潮）说的是与任命高层权力职位相关的腐败活动。

二、现代乌克兰语中的缩写复合词

在名词组合构成法和合干法构词能力大大增加的同时，我们也观察到缩略语派生能力有所下降，这显然是由于其内部形式的不透明性使用不便而导致的。尽管如此，缩略语构词方式的派生能力仍然较高。如：ATO（反恐行动）、ГУРТ（громадське українське радіо і телебачення）（乌克兰人民广播与电视）、所谓的 ДНР（顿涅茨克人民共和国）、ЛНР（卢甘斯克人民共和国）、МАФ（мала архітектурна форма）（小型建筑）、НАБУ（Національне антикорупційне бюро України）（乌克兰国家反腐局）НЕЦ（Національно－екологічний центр України）（乌克兰国家生态中心）、опоблок（反对派）、ОСББ（об'єднання співвласників багатоквартирних будинків）（多层建筑业主委员会）等。在一些新的和较早出现的乌克兰语及英语缩略语基础上积极产生了其派生词：ATO→ атошник（参与反恐行动的人）、ДНР→ деенерівський（顿涅茨克人民共和国的）、деенерець（顿涅茨克人民共和国人）、МАФ→мафівський（小型建筑的）、МВФ→емвеефівський（世界货币组织的）、ОБСЄ →обеесєшник（欧安组织工作人员）、ID → ID－картка（ID 卡）、VIP→ VIP－персона（VIP 人士）、VIP－зона（VIP 区）、VIP－клієнт（VIP 顾客）、VIP－сектор（VIP 区）、VIP－гість（VIP 客人）、IT → IT－галузь（IT 行业）、IT－спеціальність（IT 专业）、IT－ікубатор（IT 孵化器）、IT－сфера（IT 领域）、IT－рішення（IT 解决方案）、IT－індустрія（IT 工业）、IT－ розробники（IT 制造商）、IT－сектор（IT 行业）、IT－проект（IT 项目）、IT－ринок（IT 市场）、IT－компанія（IT 公司）、айтішник（IT 工作人员）、студент－айтішник（学 IT 专业的学生）。甚至有用拉丁字母书写的英语单词：VIP、DVD、CD、FM、PR、SMS、SMS'ка 以及 смс－ка（есемеска，есемесочка）（短信、信息）等。

结　语

以上分析的复合词不仅扮演称名功能，类似的派生词还通常具有信息和情感评价功能，这对于大众传媒来说非常重要。例如，词语 президент – втікач（总统 – 逃跑者）不是指某位因激怒人民和正义而被迫潜逃的高级官员，而是特指 В. Ф. Янукович（亚努科维奇）本人。这位前总统的名字会让听众联想到乌克兰广场革命期间发生的所有悲惨事件。而 людина – оркестр（一人乐团）则是指才华横溢，精通许多民间乐器的音乐家 Роман Кумник。

综上所述，我们认为复合词的积极衍生作为一种构词方式反映出语言，特别是其构词体系与现代乌克兰社会发展和需求相互作用的结果。复合词（并列复合词、组合复合词、缩写复合词）得益于其构词结构的独特性，能够尽可能及时和充分地为一切新现象和过程命名。复合衍生词往往是承载并代表有关特定事件信息的关键词。从这方面来说，对复合词的研究也引起了我们的极大兴趣。

除了上述研究领域以外，复合词衍生所基于的称名机制也需要我们进一步研究。在此基础上，我们可以在语言中追寻乌克兰民族心智的特殊性及其在全球化过程中的作用，进一步了解乌克兰语言与文化。

伊万·弗朗科的翻译成就及其翻译思想管窥

胡业爽*

伊万·弗朗科是19世纪下半叶乌克兰著名的作家、诗人、学者、出版人和社会活动家，曾活跃在加利西亚及洛多梅里亚王国（今波兰南部和乌克兰西部地区）的社会革命运动中，并作为创始人之一于1890年创建了俄乌激进党，而后积极投身于奥匈帝国政治事务。

弗朗科的文学成就卓越，在其短暂的一生中，作家曾创作出了大量脍炙人口的文学作品，包括小说《鲍雷斯拉夫在笑》《扎哈尔·拜尔古特》《交叉路口》《干草棚下》，诗集《从顶端和低处》等（许丽莎2016）。[①] 弗朗科通晓多种外语，正因如此，他的作品不乏外语创作，除母语乌克兰语外，作家还常用波兰语、德语和俄语进行创作。鉴于其卓越的文学成就，1915年弗朗科曾入围诺贝尔文学奖提名，但由于作家的过早离世因此未能获奖。尽管如此，弗朗科的文学作品仍备受后人推崇，特别是其乌克兰语作品。这些作品不仅对乌克兰语书面语的形成起到了积极的推动作用，而且也为乌克兰文学的进一步发展奠定了基础。

与作家的文学成就相比，弗朗科的翻译成就一度被后人所忽视。作

---

* 胡业爽，博士，四川外国语大学俄语学院讲师。

① 许丽莎：《乌克兰文学史上的主要流派及代表作家简介》，《乌克兰研究》2016年版，第134—140页。

为一个通晓多国外语并富有民族主义精神的作家，弗朗科不仅进行了大量的文学创作，而且还翻译了诸多外国文学作品并留下了许多宝贵的翻译思想。尽管这些翻译思想多为散论，但它们反映了乌克兰 19 世纪下半叶的翻译实践并有力地推动了乌克兰翻译学研究的发展。正因如此，弗朗科也被认为是“乌克兰翻译学的奠基人”。①

不过，囿于乌克兰民族语言与文化所处的弱势地位，弗朗科的翻译思想至今未能被介绍到中国，这不能不说是一种遗憾。与其他在文化上一度处于弱势地位的民族相同，弗朗科的翻译活动旨在启蒙乌克兰人民，推动本民族语言、文学的繁荣。正是从这个意义上来说，介绍弗朗科的翻译成就、挖掘其翻译思想对于深刻理解翻译活动在弱势民族国家语言文化发展中所发挥的巨大作用，加深对弱势民族国家译者文化身份和价值选择的认识来讲具有重要意义，也是不可多得的典型范例。有鉴于此，本文将梳理、介绍弗朗科的翻译成就并阐释其翻译思想。

一、弗朗科的翻译成就

作为 19 世纪乌克兰最为优秀的翻译家之一，弗朗科不仅可以用乌克兰语、波兰语、德语进行创作，同时还曾将 14 种语言写就的作品译入乌克兰语。不仅如此，直至今天弗朗科所译作品的范围之广仍令人叹为观止。他曾翻译过各民族的民俗作品，包括古俄语、捷克语、保加利亚语、塞尔维亚—克罗地亚语民歌等。同时他也曾翻译过古希腊和罗马文学、斯拉夫民族文学（俄国、波兰、捷克、斯洛伐克、塞尔维亚）、奥地利文学、澳大利亚文学、英语文学、匈牙利文学、法国文学、瑞士文学、挪威文学、意大利文学、美国文学和德国文学作品等。在这些作品中，不乏当时风靡一时、脍炙人口的作家作品，其中包括莎士比亚、但丁、焦尔达诺·布鲁诺、拜伦、雪莱、卡尔德隆、易卜生、莱辛、席

① Шмігер Т.，“Історія українського перекладознавства XX сторіччя” Київ：Смолоскип，2009. С. 39.

勒、歌德、海涅、荷尔德林、马克·吐温、左拉、都德、法朗士、雨果、魏尔伦、密茨凯维奇、聂鲁达、普希金、莱蒙托夫、萨尔蒂科夫—谢德林、涅克拉索夫等。

在弗朗科所翻译的全部作品中，古希腊罗马文学的地位十分特殊。选择这些古典文学进行翻译不仅与弗朗科的教育背景有关，而且源于他对古典文学作用的深刻理解。有关这一点，弗朗科曾写道："西欧各国人民：法国人、德国人、英国人、意大利人都曾从古希腊罗马译作中汲取营养。这些译作的作用对每一个对民族文学和文化史有点滴研究的人来说都是不言自明的。波兰文学的黄金时代在 16 世纪，这一时期最突出的特点就是译入了很多意大利文艺复兴时期的文学作品。俄国文学在新时期的发展中，与普希金、果戈理、莱蒙托夫等人比肩的还有翻译了《伊利亚特》的格涅季奇，曾翻译了《奥德赛》的茹科夫斯基。"① 由此可见，弗朗科在翻译这些古典作品时充分认识到了它们对民族文学、文化发展所起到的推动作用。在他看来，翻译其他民族的优秀作品可以使乌克兰人民从中汲取充足的养分，有利于民族语言和文学的进步。

除了古典文学外，弗朗科的翻译成就还体现在对莎士比亚作品的翻译之上。在整个创作生涯中弗朗科曾不止一次地考虑出版莎士比亚作品的乌克兰语译本。他曾翻译过一系列莎士比亚的十四行诗以及《威尼斯商人》《暴风雨》选段和《李尔王》。歌德的《浮士德》是弗朗科的另一部重要译作。从 70 年代起开始着手翻译，到 1881 年完成第一部分的翻译及相应的详细评论，该部译作直到 1882 年才最终得以问世并单独出版。

对于弗朗科来说，翻译的兴趣来源于对文学创作的热爱，而文学创作水平的提升也离不开他的翻译实践。例如，他在《劳碌》这部短篇小说集的前言中回忆了自己在德罗霍贝奇中学学习的时光："我在学校所读的荷马、索福克勒斯和塔西佗的作品给我留下了深刻印象，包括《圣经》在内，《圣经》的一部分内容我是用古斯拉夫语读的，一部分

① Франко І. Зібр, "творів: У 50 томах (том 39)" К.: Наукова думка, 1983, С. 7 – 8.

是读的波兰语版本。然后我开始尝试做一点翻译的工作，将这些作品翻译过来。1875 年当我离开德罗霍贝奇的时候，我随身带走了一些我自己创作的作品，一些原著……但是最多的还是译稿，包括索福克勒斯的《安提戈涅》和《厄勒克特拉》以及《奥德赛》中的两首诗歌。”[①] 而在翻译古典文学的过程中弗朗科逐渐掌握了诗歌创作技巧，并于 1873 年创作了诗体戏剧《朱古达》。这部戏剧是弗朗科根据罗马史学家撒路斯提乌斯的著作《朱古达战争》用波兰语创作的。

好的翻译家往往也是严谨的学者，因为只有对原作进行细致的研究才能对原作中的文化信息、创作背景、作者意图等有一个全面的了解，从而保证译作更加贴近原作。在这方面，弗朗科就是一个典型的例子。例如，1915 年弗朗科曾写过一部题为《奥维德在托弥》的研究。在这部研究中弗朗科详细讲述了奥维德的生平以及其在被流放至黑海期间的创作经历，而且还翻译了《哀歌集》《黑海书简》和《伊比斯》的部分片段。《别离之夜》《致一位私敌》《伊比斯》《黑海书简》等译文在很长一段时间内都被认为是优美上乘的，也正是这些译文体现了弗朗科的翻译功底并使其跻身乌克兰翻译家前列。值得注意的是，弗朗科在翻译《伊比斯》《黑海书简》等作品时，补充了大量信息。在译文之外，弗朗科对奥维德的流放地进行了描写，叙述了奥维德在偏远之地的经历和心理历程以及奥维德被流放的原因等。这些内容是作为译文的副文本出现的。不过，弗朗科在对这些内容进行补充时并未以严谨的科学证据的方式呈现给读者，而是采用了诗歌的语言和形式，这也使得注解与奥维德的诗歌本身融合成为了一个有机整体，变成一部带有诗歌和自传特点的小说。

同年，弗朗科编译了一部诗歌选集《古希腊诗人作品选》。这部诗选共收录了 232 篇译文和仿作，包括一首民歌和 13 首无名作者的诗歌作品——总共翻译了大约 7000 行诗句。尽管弗朗科未能完成后续的出版工作，但是它对于后世的价值是毋庸置疑的，正是通过这部诗选，乌

---

① Франко І. Зібр, “творів: У 50 томах (том 14)” К.: Наукова думка, 1978, С. 288 – 289.

克兰读者才有机会了解古希腊抒情诗的丰富多彩。[①]

虽然弗朗科的译作颇丰，但他在世时发表的译作并不多，问世的主要译作有：1882 年他所译的维吉尔的小诗《奶酪菜糊》，两首出自索福克勒斯《安提戈涅》的诗歌曾在《黎明》杂志上发表。1884 年，他先是在《生活与语言》杂志上发表了部分《俄狄浦斯王》的译文，后出版了单独的译作。弗朗科所译的六首贺拉斯诗歌（三首颂歌、两首讽刺诗、一首诗体书信）以及品达的两首颂歌节选曾被收录在卢恰科夫斯基所编写的《五年级诗歌和散文概论》中。除此之外，他所翻译的阿普列尤斯的小说《变形记》（又称《金驴记》）中丘比特和赛琪的神话故事选段后被选入《综合丛书》系列。《文学科学学报》上还曾刊登过弗朗科所译的阿尔丰斯·都德、阿纳托尔·法朗士、戈特弗里德·凯勒、马克·吐温、易卜生、莱辛、亚当·密茨凯维奇等作家的作品。

事实上，当时的很多文选和杂志都在积极刊登外国文学作品的译文选段。然而，由于译作的语言质量低下、译者水平较差以及翻译选材的漫不经心，导致这些努力并未收到预期的效果，特别是一些译作的语言无法被百姓理解，只有在教会接受过教育的人才能看懂。为了使普通人也能读懂译作，弗朗科坚持用人民的语言来进行翻译。这一想法在出版《小丛书》时变成了现实。作为一部有知识启蒙意义的系列丛书，《小丛书》中不仅包括了很多文学译作，如：罗什克维奇翻译的左拉小说节选、拜伦的《该隐》、海涅的诗歌、歌德及莱蒙托夫的作品、弗朗科编选翻译的《欧洲著名诗人诗歌选集》等，还包括了社会学和自然科学领域的一些科学文献译作，如：19 世纪俄国著名的革命民主主义者和文艺批评家杜勃罗留波夫的《论权威在教育中的意义》、俄国皮萨列夫的《蜜蜂》、德国海克尔的《人类发生或人类进化学》、德拉戈马诺夫的《被俄政府禁止的乌克兰文学》等。

《小丛书》的出版毫无疑问对当时的社会思想产生了一定的影响。很多年轻人和知识分子开始关注近代科学、阅读外国文学作品。尽管囿

---

① Вибір із старогрецьких поетів. ［Электронный ресурс］. – URL：https：//www. i – franko. name/uk/Transl/1915/OldGreekAntology. html/.（дата обращения：15. 03. 2020）

于经济条件和政治迫害，弗朗科未能继续出版《小丛书》，但是他出狱后所出版的最后一册仍保留了这一系列丛书“科学”和“民间”的特点。

通过梳理发现，弗朗科的翻译活动带有很强的自主意识，这一点无论是在他的译前研究、翻译实践还是译作出版过程中都有所体现。应该说，弗朗科的翻译成就是卓越的，这不仅体现在他的翻译实践之广泛上，还体现在他的译前研究工作之深刻中，更为重要的是，弗朗科通过出版一系列丛书、诗选等使译作走进了乌克兰民间，启蒙了当时的一大批知识分子和革命先锋，加速了乌克兰语书面语、文学和文化的进一步发展。

二、弗朗科的翻译思想

弗朗科不仅为后世留下了丰富的翻译作品，还留下了不少宝贵的翻译思想。但遗憾的是，直到 19 世纪 80 年代乌克兰学界仍未出现在弗朗科的作品框架下来论证基础翻译学作为一门学科的相关研究。[①] 这大概与弗朗科的翻译思想多为散论不无关系。在西蒙里亚的研究中这一猜测得到了印证。他指出，弗朗科的翻译思想大致保留在了以下的三个部分当中：一是诗歌选集、译作的序言以及为其他译者的译作所作的序言当中，如库利什所译的莎士比亚作品的前言；二是发表在杂志和文集中的论文、批评等；三是一些专刊当中。[②]

尽管如此，弗朗科翻译思想的价值还是得到了承认并被后世学者不断阐发。佐雷夫恰科认为，乌克兰的翻译学诞生于弗朗科翻译思想形成

① Мігер Т，“Історія українського перекладознавства XX сторіччя”，Київ：Смолоскип，2009，С. 39.

② Зимомря М.，“Перекладацька спадщина Івана Франка：панорамність культурного простору”，Слово і Час，2011（11），С. 48 –55.

之际，也就是19世纪的70年代。[1] 施米格尔则认为，《浮士德》的翻译和发表过程也是弗朗科翻译思想的形成过程。弗朗科曾于1882年单独出版了他在《真理》杂志上发表过的《浮士德》翻译选段，其中也包括了围绕该译稿的有关翻译方法的阐述。这部译作应被看作是“弗朗科翻译理论的第一部著作”。捷捷林娜在充分肯定了弗朗科翻译思想的理论水平后指出：“弗朗科所总结出的一整套翻译研究思想奠定了乌克兰翻译学的科学性并极大拓展了19世纪下半叶文学研究中对翻译活动的理论认识，使其得以作为一项复杂多面的语言艺术现象被看待。”[2]

纵观弗朗科的翻译思想，大致有以下三个方面对当今的翻译研究具有重要的启发意义：第一是弗朗科在翻译选材、翻译过程中以及译作出版中所秉承的、一以贯之的翻译观；第二是他在具体的翻译活动中所坚持的翻译原则；第三是他在翻译批评中所采取的立场和标准。

1. 弗朗科的翻译观

翻译活动的产生总是源于特定的目的，而目的又取决于译者在特定的时代背景下如何理解“什么是翻译”以及“翻译有什么功用”这两个问题。弗朗科所生活的19世纪下半叶乌克兰尚未成为一个独立自主的国家，而是仍处于分裂的状态。当时，乌克兰现今版图的大部分被俄罗斯帝国所吞并，西部则是奥匈帝国的势力范围。在这种时代背景下，弗朗科的翻译活动体现出了鲜明的民族主义色彩和政治诉求。

（1）民族主义

就民族主义色彩来说，弗朗科曾不止一次表达过他从事翻译活动的目的，这一点既表现在他的翻译选材上，也表现在他的译文本身和出版活动中。弗朗科曾在一次演讲中说道：“我觉得我有责任将自己毕生奉献给这个淳朴的民族……所以我尽力用其他民族的文化成果来丰富我们

---

① Зорівчак Р. П. , “Іван Франко як перекладознавець: до 125 – річчя від дня народження”, Р. Зорівчак. Теорія і практика перекладу, К. : держ. ун – ту ім. Т. Г. Шевченка, 1981, С. 3 – 16.

② Тетеріна О. Б. , “Переклад як наукова проблема в українській літературно – критичній думці XIX – початку XX ст. , Київ: нац. ун – т ім. Т. Шевченка, 2004, С. 14.

的民族并且让人民了解其他民族的生活。"① 在他看来，"翻译其他民族、不同时代的外语诗歌能够滋养本民族人民的心灵，使它具备不曾具有的情感表达形式和方式，与此同时架起我们与其他遥远民族人民以及先辈们之间互相理解和共情的金色桥梁"。② 由此可见，弗朗科很早就认识到了翻译在促进不同民族文化交流、传承文化以及促进本民族文化发展中的重要作用。

由于弗朗科的古典文学研究背景，使得他对翻译作用的理解更为深刻，特别是在促进本民族文学发展中的作用。例如："翻译其他民族重要的、有影响力的作品从古罗马人开始就是一个民族写作的基础。"③ 这表明，弗朗科的翻译活动是立足于发展本民族文学的，而他坚持以乌克兰语来翻译、写作也表明他试图以此推动乌克兰语书面语形成和发展的根本目的。"我希望能够为乌克兰人和加利西亚人在语言领域的互相理解做一点基础工作，从而推动一个重要问题的解决——在统一的民族书面语的形成上达成共识"。④ 翻译对语言的改变作用是显而易见的。在我国翻译史上，鲁迅先生就曾"希望通过翻译，改造汉语，从而最终改造中国人的思维方式"⑤。白话文的最终形成也得益于翻译活动的推动。综上所述，无论是立足于民族文化、民族文学还是书面语的发展，弗朗科都始终以服务乌克兰本民族人民为其核心出发点。

（2）政治诉求

弗朗科翻译观的另一个基本特点是带有鲜明的政治诉求。东布罗夫斯基曾指出："在当时的背景下，弗朗科把翻译的教育功用放在了认知功用之前。"⑥ 这表明弗朗科进行翻译活动的主要目的除了服务于乌克兰民族，还希望达成自己的政治目标。他出版《小丛书》首先就是基于将新一代年轻人培养成社会所需的"革命知识分子"这一目的，所

---

① Франко І. Зібр.，"творів：У 50 томах（том 31）"，К.：Наукова думка，1981，С. 31.

② Франко І. Зібр.，"творів：У 50 томах（том 5）"，К.：Наукова думка，1976，С. 323.

③ Франко І. Зібр.，"творів：У 50 томах（том 39）"，К.：Наукова думка，1983.

④ Франко І. Зібр.，"творів：У 50 томах（том 28）" К.：Наукова думка，1980.

⑤ 王彬彬：《为批评正名》，时代文艺出版社 2000 年版。

⑥ Домбровський О.，"Іван Франко – теоретик перекладу"，Іван Франко：Ст. і матеріали，1958，С. 306–330.

以《小丛书》的选材基本也是围绕这一目标进行的。为了实现《小丛书》的教育价值，弗朗科坚持在选材上以科学文献的翻译为主，介绍了当时先进的现实主义艺术、美学、自然科学和社会学思想。按照弗朗科的计划，知识分子们可以借助《小丛书》了解先进的社会思想和科学成就，进而将它们介绍给普通乌克兰民众并在民间传播。

弗朗科的政治诉求还体现在他的译文当中。在弗朗科所编译的《欧洲著名诗人诗歌选集》中，有一些译自俄语的诗歌，如：《杜马》就是译自《铁窗里》这部诗集中的一首诗歌。为了使其中蕴含的政治诉求更加强烈，弗朗科在翻译时只译到了高潮部分，而原诗正是在此处到达了革命激情的顶点。由此可见，弗朗科的翻译活动并不完全以文化启蒙为目的，而是为了在乌克兰西部传播先进的科学知识以及唯物主义世界观，从而培养一批富有革命精神的知识分子，为民族的独立统一而奋斗。

2. 弗朗科的翻译原则

"翻译原则"指的是"'翻译操作所依据的法则或标准'或'指导翻译操作的准则'。"① 翻译原则对翻译活动有直接的指导作用。在弗朗科从事翻译活动的 19 世纪下半叶到 19 世纪末，"俄罗斯的译事已具相当规模，从某种意义上说，与现代的状况相差无几"。② 但彼时乌克兰的翻译活动与俄罗斯相比仍有差距。不过，就弗朗科所秉承的翻译原则来讲，几乎与同时代的俄罗斯译者与批评家们的思想相差无几。例如，在读者意识方面。俄罗斯翻译家魏因贝格指出："翻译是为不懂语言的人"，因此"优秀的翻译家的责任"是"努力使这些读者产生……在读原著时的印象"。无独有偶，弗朗科在《奥维德在托弥》的一处笔记中这样评价自己的译文："我只翻译外国文学中那些触动我的，能够展现出闻所未闻的新思想或者新的诗歌形象。我希望用自己的译文唤起读者

① 胡庚申：《例示"适应选择论"的翻译原则和翻译方法．外语与外语教学》，2006 年第 3 期，第 49—52 页。

② 吴克礼：《俄苏翻译理论流派述评》，上海外语教育出版社 2006 年版，第 76 页。

同样的感受。"[①] 以读者为中心，是弗朗科翻译活动的重要原则之一，这与其翻译观不无关系。

弗朗科所秉承的另一条翻译原则虽然并不新奇，但体现了他作为翻译家的严谨译风——忠实。阿尔瓦特曾把弗朗科的译作放在更广阔的诗学语境下进行考察，并认为正是弗朗科率先区分了翻译和仿作之间的区别。[②] 区别翻译和仿作对于确保翻译的本质来讲至关重要。需要指出的是，弗朗科所秉承的忠实原则并非浅显的、一刀切的"忠实"，而是追求译作与原作在形式和内容两个方面的有机统一。如诗歌翻译中形式方面的格律、韵、节等，而内容方面则是要基于区别于逐字死译的忠实，做到准确明了。[③]

3. 弗朗科的译评标准

翻译批评是提升翻译质量的重要环节，有关翻译批评的重要性曾得到世界范围内各国学者的阐发。许钧曾指出，"翻译实践呼吁翻译批评"，与此同时"翻译批评要有理论依据和科学的方法"。[④] 弗朗科的翻译批评思想主要表现在对舍甫琴科译作的分析当中。在对其译文进行分析的过程中，弗朗科不再仅仅对比原语和译语之间的差别，而是以是否在译语中再现了原作中的语义、风格等方面的细节为批评的标准。这样以来，尽管忠实仍是弗朗科进行翻译批评的主要尺度，但这里的忠实是一个丰富而深刻的概念，它包括语义、形式、风格等多个方面，而不再仅仅囿于判断语言上的对错。

---

① Франко І. Зібр.，"творів：У 50 томах（том 9）"，К.：Наукова думка，1977，С. 78.

② Арват Ф. С.，"Іван Франко – теоретик перекладу：лекції із спецкурсу《З історії українського перекладу》)"，Чернівці：Чернівец，держ. ун – т.，1969，С. 484.

③ Франко І.，"Зібр. творів：У 50 томах（том 13）"，К.：Наукова думка，1978.

④ 许钧：《翻译论》，湖北教育出版社 2006 年版，第 395—396 页。

结　　语

作为乌克兰翻译学的奠基人，弗朗科不仅翻译成就卓著，而且为后世留下了丰富的翻译思想。尽管他的思想多为散论，但仍具有极高的理论价值，这一点日益被国际翻译学界所认可。在弗朗科从事翻译活动的时代，现代意义上独立自主的乌克兰国家尚未形成，乌克兰民族仍处于分裂状态。在这样的时代背景下，弗朗科从事翻译活动的首要目的就是启发民智，促进本民族语言、文学和文化方面的发展，这一点与我国近现代的翻译实践有相似之处。梳理和介绍弗朗科的翻译思想不仅对于了解乌克兰翻译实践发展和翻译学形成有重要意义，而且对于深刻理解弱势民族国家的翻译实践特点及翻译在弱势民族语言、文学和文化形成发展中所发挥的作用具有典型价值和借鉴意义。

泽连斯基总统上任后的乌俄关系研究

高　曼*　杨　凡**

2019 年 4 月 21 日，作为喜剧演员的政治素人弗拉基米尔·泽连斯基赢得乌克兰总统大选，成为乌克兰新一任总统。这位“人民公仆”总统的当选也引起了国内外对乌克兰广泛关注。泽连斯基的当选反映出乌克兰民众对现有及以往的政党政治并不满意，迫切需要一个政治“新人”来带领乌克兰探寻符合自己的社会发展道路，同时也标志着乌克兰政治体系逐渐成熟，体制外的政治精英开始走到政治舞台中央。全世界不仅在关注着他将如何解决目前摆在他面前的众多难题，还在积极地预测着乌克兰和俄罗斯关系新一轮的走向。

一、乌俄关系历史回顾

1. 克拉夫丘克执政期间乌俄关系（1991—1994 年）

乌克兰独立之初，一心想着摆脱俄罗斯的控制，维护国家独立和完整，所以在众多战略上选择了“亲西排俄”的策略。1991 年在关于边

* 高曼，四川外国语大学俄语学院硕士研究生。
** 杨凡，四川外国语大学俄语学院硕士研究生。

界问题的声明上，乌俄两国领导人出现巨大分歧。俄方认为，如果与俄罗斯相邻的一些共和国脱离联盟，那么自己仍具有对这些共和国的边界提出异议的权利。而乌方则担心此声明是在否定之前两国签订的“两国现有边界不可侵犯，相互确认领土完整”条约。于是，两国关系一度变得紧张起来。后来，俄罗斯派代表团赴乌与其领导人谈判，双方同意建立一个“临时经济和军事联盟”，这才使两国关系得以缓和。由于两国在涉及国家根本利益的划分苏联遗产、地区合作模式、国家发展战略等一系列问题上存在着严重的分歧、甚至是公开的冲突，所以两国关系发展进程缓慢。除此之外，由于克拉夫丘克推行“亲西排俄”政策，希望借西方的力量能够建立与俄罗斯地位同等的伙伴关系，以此来抵御来自俄罗斯各方面的强大压力，维护本国的领土、军事安全，提升经济，提高自己的国际地位和影响力，这使得两国关系在西方势力的干预下变得生疏、紧张。直到 1994 年，由于乌克兰“一边倒”的外交政策导致乌克兰经济陷入严重衰退之中，[①] 国内经济和社会面临严重危机，不得不提前进行总统大选，乌俄关系这才有所改善。但总的说来，这一阶段的乌俄关系并不融洽。

2. 库奇马执政期间乌俄关系（1994—2005 年）

库奇马执政期间，主张实行东西方平衡发展的实用主义外交政策。[②] 在继续奉行前任总统克拉夫丘克的加入欧盟，融入欧洲的外交政策上，他还强调应同时发展同俄罗斯的友好关系。库奇马指出，俄罗斯“集中了乌克兰至关重要的国家利益”，乌克兰同俄罗斯“在经济和历史上是连在一起的，没有同它的良好关系，就无法想像乌克兰的未来”，[③] “乌克兰应该走向欧洲，但不能因此疏远俄罗斯，并不能同其分离”。[④] 随后，乌克兰开始了一系列修复两国关系的行动。经济方面，

---

① 李秋霜：《后冷战时代的俄乌关系》，黑龙江大学，2011 年，第 5 页。

② 李秋霜：《后冷战时代的俄乌关系》，黑龙江大学，2011 年，第 6 页。

③ 董晓阳、李静杰：《乌克兰在欧亚大陆的地缘政治地位和地缘战略》，《东欧中亚研究》1996 年第 1 期，第 48—57 页。

④ 王彦：《当代白俄罗斯和乌克兰对俄政策比较研究》，外交学院，2007 年，第 26 页。

乌克兰同意加入有俄方参加的经济联盟，并在各方面经济领域的主张上与俄步调一致，主张与俄建立广泛的经济合作。两国还就黑海舰队划分问题及边界勘定问题达成一致，签署了各项协议，正式以国家间协议确认将克里米亚和塞瓦斯托波尔的领土归属权划分给乌克兰。乌克兰不仅恢复同俄罗斯的经济和文化联系，还同俄罗斯建立战略关系。但在独联体一体化问题上，乌克兰还是持反对态度。同时，乌克兰还领导建立了“古阿姆”集团，以期与独联体平起平坐。还于 1998 年 11 月 4 日批准了“乌克兰同北大西洋公约组织合作的国家纲领。”① 总体来看，库奇马时期的俄罗斯与乌克兰并无大冲突发生，两国关系较为融洽。

3. 尤先科执政期间乌俄关系（2005—2010 年）

橙色革命后上台的尤先科反俄立场鲜明，一直奉行激进的回归欧洲政策。尤先科主张立足本国利益，利用乌克兰处在北约和独联体之间的地缘优势，谋求在欧、美、俄间搞平衡，在左右逢源中获更多实惠。为了早日进入西方阵线，获取国际社会为本国进入欧盟和北约提供支持，他通过积极的干预历史政策和历史记忆，重塑乌克兰的国家认同。② 如强调二战时乌克兰的英雄主义和顽强抵御，以及乌克兰大饥荒事件。特别是大饥荒事件，这一历史事件不仅是乌方手中重要的国际政治工具，还是乌政府向国际社会声讨苏联及其继承者俄罗斯的铁证。③ 乌方激进的举动引起了俄当局的强烈不满，双方陷入敌对状态。恶化的乌俄关系也成为乌克兰加入欧盟进程中的阻碍。2006 年乌克兰政体发生变化，由总统议会制过渡到议会总统制，总统的权力被限制。在 3 月份的选举中，亲俄派的亚努科维奇在议会选举中获胜，就任总理，并成功组建议会。亚努科维奇就任总理后，采取重回欧俄平衡的外交路线。由于长期受到能源价格问题的困扰，乌克兰能源供应不稳定，经济增长缓慢。为

---

① 李秋霜：《后冷战时代的俄乌关系》，黑龙江大学，2011 年，第 7 页。

② 周国长：《“脱俄入欧”：独立后乌克兰历史政策的变化（1991—2013）》，《俄罗斯学刊》2016 第 6 期，第 70—77 页。

③ 周国长：《“脱俄入欧”：独立后乌克兰历史政策的变化（1991—2013）》，《俄罗斯学刊》2016 年第 6 期，第 70—77 页。

解决相应问题，促进本国经济稳步发展，乌克兰首先得缓和与俄罗斯的关系。对此，乌方放弃了激进的欧洲一体化战略，许诺延缓加入北约的进程，在外交优先性上给予俄罗斯一定的重视。在 2007 年的议会选举中，乌克兰总理职位落入反俄的季莫申科手中。季莫申科上任后，与尤先科政党联合，继续奉行“亲西排俄”的外交政策，乌俄在政治、经济、军事和地缘战略上冲突不断，矛盾日益加深，两国关系恶化。

4. 亚努科维奇执政期间乌俄关系（2010—2014 年）

与上任总统尤先科不同的是，亚努科维奇是一个典型亲俄派。他表明，将优先与俄罗斯解决能源稳定供应问题，继续与北约合作，与欧盟签署自由贸易协议，同时与俄罗斯和欧盟发展互利友好的关系。① 当选总统后，尽管亚努科维奇一再申明自己不是俄罗斯的傀儡，将同时对俄欧友好，但他是亲俄派这一点毋庸置疑。亚努科维奇的支持者主要是乌东南部讲俄语的乌克兰人和俄罗斯人。且在总统选举之前，亚努科维奇曾承诺，如果他赢得选举，那么他将采取措施努力恢复与俄罗斯的睦邻友好关系。② 上任后，亚努科维奇就积极采取举措来恢复乌俄关系，还对外公开声称乌克兰是一个不结盟的国家。2010 年 3 月 5 日，亚努科维奇访问俄罗斯，与俄罗斯总统梅德韦杰夫和总理普京进行了会谈。亚努科维奇就乌克兰是否加入北约这一问题表态说，乌克兰不会加入北约，只会与建立符合本国利益的关系。③ 4 月，乌俄两国还签署了延长俄罗斯黑海舰队驻扎期协议，并以优惠的天然气价格作为交换。④ 同时，为避免因历史问题与俄罗斯交恶，亚努科维奇修正了前任总统尤先科的历

---

① 《亚努科维奇：“橙色革命”终结者》，人民网，2010 年，http：//www. people. com. cn/GB/198221/198819/198849/12413160. html。（上网时间：2020 年 3 月 5 日）

② 《亚努科维奇批乌政府政策使俄乌关系恶化》，中国日报网，2009 年，http：//www. chinadaily. com. cn/hqgj/2009 - 08/27/content_8624626. htm。（上网时间：2020 年 3 月 5 日）

③ 《乌克兰新总统亚努科维奇访俄会见“梅普组合”俄乌关系“急转”》，新浪网，2010 年，http：//news. sina. com. cn/w/2010 - 03 - 07/054317177712s. shtml。（上网时间：2020 年 3 月 5 日）

④ 《俄乌就天然气价格和黑海舰队驻扎问题达成协议》，国际在线，2010 年，http：//news. cri. cn/gb/27824/2010/04/22/5025s2826605. htm。（上网时间：2020 年 3 月 5 日）

史政策。对于大饥荒事件，亚努科维奇政府采取了冻结这一历史事件的策略，以此来缓和由这一事件导致的乌俄关系僵硬的局面。2013 年 11 月 21 日，乌克兰总统亚努科维奇宣布中止和欧盟签署政治和自由贸易协议，而强化和俄罗斯的关系，导致乌克兰亲欧派在首都基辅展开反政府示威，抗议群众要求政府和欧盟签署协议、亚努科维奇下台，提前举行选举。[①] 总的看来，亚努科维奇执政期间，亲俄性表现得十分明显，两国关系也确实一度得到改善。

5. 波罗申科执政期间乌俄关系（2014—2019 年）

经历了乌克兰危机上台后的波罗申科效仿的是前辈尤先科的“亲西排俄”政策，他仍把加入欧盟和北约作为对外政策的主要方向，并不断推进加盟入约的进程，而在俄罗斯方面则坚定推行反俄政策，逐步切割乌克兰与俄罗斯的联系，双方启动多轮相互制裁措施，关系持续恶化。[②] 受到克里米亚事件以及东部顿巴斯地区战乱的影响，乌俄关系一度破裂。波罗申科上台后曾承诺将在 3 个月内搞定俄罗斯，平定乌东部顿巴斯地区的战乱，并彻底解决克里米亚问题。然而，由于双方立场和利益不同，这一问题迟迟未得到解决，且受到国际社会，尤其是美国、欧盟等的干扰，两国的关系被外部势力割裂，冲突愈演愈烈。2018 年 4 月，乌克兰总统波罗申科正式宣布退出独联体，以此来表明自己决意和俄罗斯决裂的态度，标志着乌克兰将彻底抛弃独联体公认的国家形式，全面倒向西方，融入以欧盟为主的欧洲体系。2018 年 8 月乌克兰总统宣布将终止乌俄友好条约，这意味着乌克兰公然与俄罗斯为敌。2018 年 11 月，波罗申科授意乌克兰海军舰船强行穿越刻赤海峡俄方海域，结果与俄方爆发冲突，乌方相关人员被俄方扣留。俄方认为乌方行为是对自己领土主权的挑衅，因此，两国关系再度恶化，降至历史冰点。2019 年，在美国和北约的军事支持下，乌克兰和美国、北约多次进行

---

① 朱淑珍、韩骏：《俄罗斯货币危机的成因、危害及启示》，《财经科学》2015 年第 4 期，第 11—21 页。

② 赵会荣：《泽连斯基现象与乌克兰前景》，《俄罗斯学刊》2019 年第 3 期，第 122 页。

军事演习，而作为反击，俄罗斯也加强了在克里米亚的军事部署。波罗申科执政期间采取激进的反俄政策，不仅导致乌俄两国之间的敌对局面，还使得乌克兰国内经济濒临崩溃，民众支持率也直线下降。

二、影响乌俄关系的三大因素以及泽连斯基的应对

1. 克里米亚之争

克里米亚半岛位于乌克兰南部，东接俄罗斯并且濒临黑海和亚速海，是当时苏联走向欧洲和世界的海上通道，历来是一个易守难攻的军事战略要塞，战略位置十分重要，并且在苏联时期庞大的黑海舰队和许多战略设施也建立与此。因此苏联解体后，不管对于乌克兰还是俄罗斯克里米亚都具有重要的地缘战略意义。

1783 年俄罗斯帝国吞并克里米亚，此后其就一直处于俄罗斯的控制之下。直到 1954 年 5 月，时逢乌克兰与俄罗斯合并 300 周年纪念，苏联决定将克里米亚州划归到当时的乌克兰苏维埃社会主义共和国。1991 年苏联解体之后，克里米亚也自然而然并入乌克兰共和国。但由于俄罗斯人口占据克里米亚地区总人口的六成以及苏联解体之初乌克兰自身的一系列发展问题，克里米亚地区的人民要求重回俄罗斯或者独立的倾向随之出现，且越来越强烈。为了缓和与克里米亚的关系，在 1992 年，乌克兰政府通过了关于克里米亚实行自治的决定，克里米亚州正式改名为克里米亚自治共和国。但俄罗斯为了确保自己南部重要地区安全，在 1992 年的俄联邦会议上俄罗斯要求与乌克兰和克里米亚就半岛地位问题重新展开谈判，以此决定克里米亚最新的归属问题。并且俄罗斯政府还废除了 1954 年将克里米亚划归乌克兰的这一决议。而乌克兰政府在克里米亚问题上也是绝不会让步，因为克里米亚就像是乌克兰伸向黑海的一个支点，对于乌克兰维护自身海上通航和安全利益很是重要，若乌克兰失去克里米亚，那么也就在南部地区失去了立足点，因

此乌克兰政府直接强硬宣布俄议会的决定无效。由此，俄罗斯与乌克兰的关系也变得更加扑朔迷离起来，在克里米亚问题上两国之间的一系列较量也随之出现。

1994 年 7 月，随着奉行对俄友好政策的列昂尼德·库奇马当选乌克兰总统，俄罗斯与乌克兰之间关于克里米亚半岛归属的争执才渐渐趋于沉寂。1995 年 3 月，为了避免克里米亚地区发生动乱，乌克兰中央加强了对克里米亚的控制，先是废除克里米亚宪法，后再撤销了克里米亚的总统设置，克里米亚自治共和国政府由乌克兰中央政府的直接领导。1997 年 5 月，俄罗斯与乌克兰正式签署乌俄友好合作伙伴关系条约，确立双边友好关系，原则上为解决克里米亚归属等问题奠定了基础，达成了克里米亚半岛归乌克兰所有的共识，双方的紧张关系才得以缓和。①

而橙色革命后上台的乌克兰总统尤先科和波罗申科都是强硬的反俄派，在他们执政期间，俄罗斯与乌克兰两国关系极度恶化，克里米亚归属问题又再一次摆在两国之间。2014 年 3 月 16 日，克里米亚自治共和国全民公决投票于当地时间 20 时结束。克里米亚共和国政治社会研究院进行的出口民调初步结果显示，赞成重归俄罗斯的选民占总投票人数的 93% 。另外 7% 的选民赞同恢复 1992 年克里米亚宪法，争取更大自主权留在乌克兰。② 俄罗斯总统普京 2014 年 3 月 21 日签署了经联邦议会批准的克里米亚入俄条约，以及规定其地位及边界等细节的宪法条例。

克里米亚事件后，波罗申科政府为了对俄罗斯进行反击，乌克兰相继切断了对克里米亚的电力、食品和水源供应，这也是乌俄关系恶化导致的直接后果。乌克兰的这一行为对克里米亚居民的日常生活造成了严重影响。

---

① 周国长：《“脱俄入欧”：独立后乌克兰历史政策的变化（1991—2013）》，《俄罗斯学刊》2016 年第 4 期，第 70—77 页。

② 《出口民调显示克里米亚公投 93% 赞成回归俄罗斯》，中国法院网，2014 年，https：//www. chinacourt. org/article/detail/2014/03/id/1231667. shtml。（上网时间：2020 年 3 月 5 日）

随着泽连斯基当选乌克兰新一届总统，国际上也在时刻关注着他的态度。早在2019年5月18日，泽连斯基还未正式任职时，他就在社交媒体上表示："我相信，我们会把克里米亚鞑靼人的故乡从被占领中解放出来，无论克里米亚'回归之路'多么漫长，我们都会与克里米亚鞑靼人一起走过这条道路。我们会一起完成这项任务。请不要忘记，甚至最黑暗的夜晚也是以黎明告终。"在泽连斯基上台后，再次自信地对国内民众允诺，将会在任期内收回克里米亚半岛。

2019年6月5日，泽连斯基出访布鲁塞尔的欧盟总部，这是泽连斯基上任两周后的首次出访。在这次出访中泽连斯基就克里米亚和乌东战事等领土问题与欧盟领导人会面并寻求欧盟帮助。欧洲理事会主席唐纳德·图斯克表示，欧盟将坚持继续支持乌克兰主权的独立和领土完整，没有安全的乌克兰就没有安全的欧洲。[①] 从泽连斯基将其首访目的地定在欧盟总部这一点来看，他的亲西方姿态显现，希望在克里米亚问题上能够获得西方的支持。

2019年7月29号，乌克兰政府常驻克里米亚代表安东·科里涅维奇接受乌克兰《今日报》采访时表示，乌克兰前任政府不向克里米亚半岛供水的立场是"正确的"。目前乌克兰和俄罗斯关系还处于紧张状态，在双方关系还没有缓和的情况下，乌克兰继续保持前任政府对克里米亚断水的政策。泽连斯基政府的表态意味着乌克兰将继续切断克里米亚的水资源供应。乌克兰新政府正寻求同俄罗斯进行谈判克里米亚及其他方面的问题，如果乌俄关系能够缓和，并达成合作协议，那么乌克兰还是有可能恢复对克里米亚供水的。如果双方无法达成相关合作协议，那么乌克兰还将继续对克里米亚断水，俄罗斯只能自己解决克里米亚的缺水问题。

总体看来，新总统泽连斯基上任后，对克里米亚这一事关国家主权和领土完整的问题，态度强硬。

---

① 《乌克兰总统泽连斯基首访欧盟寻求欧盟支持》，国际在线，2019年，http://opinion.haiwainet.cn/n/2019/0606/c345437－31570688.html。（上网时间：2020年03月10日）

2. 乌克兰东部武装冲突

2014 年在乌克兰的顿涅茨克州和卢甘斯克州乌克兰政府军和俄罗斯支持的亲俄民间势力爆发大规模冲突。上述两州位于乌克兰东部，与俄罗斯接壤。

顿涅茨克州和卢甘斯克州的居民主要是讲俄语的乌克兰人和俄罗斯人，信奉东正教，具有明显的亲俄倾向。而乌克兰西部历史上受西方影响较深，居民多数信奉天主教，主要以乌克兰语为日常交际用语，在各方面表现出更多的亲西方色彩。因此，自乌克兰独立以来，东西部一直就俄语的国语地位问题、宗教信仰方面以及对历史问题的认知方面存在严重分歧。乌克兰东西部的明显差异使独立后的乌克兰始终缺乏民族国家认同感，客观上造成了乌克兰社会的严重分裂。随着克里米亚在经过公投后宣布独立并随后加入俄罗斯联邦，顿涅茨克州和卢甘斯克州的亲俄民众也希望同克里米亚一样，通过公投脱乌入俄。

2014 年 2 月 22 日，亚努科维奇被议会罢黜总统职务。4 月初，乌克兰东南部地区的俄罗斯人举行游行示威，抗议亚努科维奇政权被推翻。随后此次游行示威人员遭到乌克兰亲美势力和右翼极端分子的镇压，爆发流血事件，造成 50 多名俄罗斯人死亡。6 日，顿涅茨克州及卢甘斯克州等地的亲俄民众占领了政府建筑物并升起俄罗斯国旗。自此，乌克兰东部武装冲突爆发。为解决东部武装冲突问题，经国际社会斡旋，冲突双方代表分别于 2014 年 9 月和 2015 年 2 月签订明斯克协议，双方达成停火共识。但是由于此协议在很多细节方面未加落实，再加上美国、欧盟等国家和组织的介入，给予乌方军事和经济支持，导致乌俄双方在执行明斯克协议过程中相互指责，各执己见，甚至自行其是，最终协议成为一纸空谈。随着欧美国家和组织的介入，乌克兰东部武装冲突由乌俄对抗演变成俄罗斯与美国、北约、欧盟的对抗。然而，对于乌克兰来说，加入北约，融入欧洲阵营才符合本国利益，再加上受克里米亚事件的打击，乌克兰决意跟随西方脚步，将俄罗斯视为自己的敌人。随着乌东冲突等一系列事件的发生，乌俄矛盾迅速激化，造成水火不容的对抗局面。

泽连斯基上任后，为了完成竞选时的承诺，尽快解决东部地区问题，以及让被俘的乌克兰人回家，他采取了一系列举措来修复同俄罗斯的关系。7 月 11 日，泽连斯基与普京首次进行了电话交谈，双方就乌克兰东南部的调解问题以及双方释放扣押人员等事宜进行讨论，并达成交换战俘的共识。7 月 18 日，双方又达成从 7 月 21 日起无限停火的共识。早前，泽连斯基还在一个视频中向普京提议与美国总统特朗普、英国首相特苗莎·梅、德国总理默克尔、法国总统马克龙一起在明斯克举行会谈，讨论克里米亚和乌克兰东部问题。可见，泽连斯基已经迈出了修复乌俄关系的第一步。9 月，有消息表示，被扣押的人员已经护送回国了，这意味着双方关系取得了大进展。10 月 1 日乌克兰问题三方联络小组（乌克兰、欧安组织、俄罗斯）在白俄罗斯首都明斯克举行例行会谈，各方代表就政治解决乌东部冲突问题的“施泰因迈尔模式”达成一致意见。[①] 乌克兰东部冲突相关方在当天的会谈中还同意 10 月 7 日从两处冲突地点撤兵。这次会谈为 12 月的“诺曼底模式”峰会奠定了良好的基础。

2019 年 12 月 9 日，旨在解决乌东部冲突问题的“诺曼底模式”四国峰会在巴黎举行，法国、俄罗斯、德国、乌克兰四国领导人参会。峰会发表共同声明，强调应全面落实明斯克停火协议，与会各方同意 4 个月内再次召开“诺曼底模式”峰会，着重讨论在乌东部冲突地区举行地方选举的条件。[②] 泽连斯基与普京首次会晤后，乌俄关系出现回暖。12 月 31 日，乌克兰总统泽连斯基与俄罗斯总统普京举行电话会谈，互祝新年快乐。两国领导人对于 12 月 29 日乌克兰东部冲突双方互相交换被扣押人员表示欢迎。[③]

---

① 《乌克兰问题三方联络小组会谈就“施泰因迈尔模式”达成一致》，新华网，2019 年，http：//www. xinhuanet. com/2019 - 10/02/c_1125067845. htm。（上网时间：2020 年 3 月 15 日）

② 《乌克兰问题四国峰会定于 12 月 9 日在巴黎举行》，中国法院网，2019 年 https：//www. chinacourt. org/index. php/article/detail/2019/11/id/4640152. shtml。（上网时间：2020 年 3 月 15 日）

③ 《俄罗斯总统普京与乌克兰总统泽连斯基通电话拜年》，中华网，2020 年，https：//news. china. com/international/1000/20200101/37596015. html。（上网时间：2020 年 3 月 15 日）

2020年2月14日当天，俄罗斯总统普京应乌方倡议，又一次跟乌克兰总统泽连斯基进行了通话，双方还是就乌克兰东部冲突问题进行了讨论。乌克兰总统新闻网指出，通话中双方达成了高度共识，均同意加强在乌克兰问题三方联络小组框架下的合作，并推动相关协议落实。[①] 据乌通社3月7日报道，泽连斯基在接受采访时表示，乌政府将拿出一年时间继续通过谈判方式与俄罗斯就东部顿巴斯问题达成协议。

不难看出，泽连斯基在上任后短短几个月内，为东部顿巴斯问题做了很多努力。他多次与普京通话讨论东部冲突问题，通过谈判方式解决了乌俄之间的众多问题。但是值得注意的是，泽连斯基的这些向好举动只是为了尽快解决好东部冲突问题，给民众一个答复，以此来收获国内民意，只是暂时性的交好。可以预见，如果美国与欧盟等不肯做出让步，且乌克兰没有权衡好自身与俄罗斯的利益关系，那么乌克兰东部地区问题很难在短期内得到彻底解决。

3. 乌克兰的“去俄化”

乌克兰国内很大一部分现代精英是在苏联时期形成的。当乌克兰成为独立国家之后，在国家制度的建立中，这部分精英阶层扮演了重要而积极的角色。与此同时，这部分精英阶层为了自己的利益，经常视国家利益于不顾，频繁地进行恶性政治斗争，与寡头集团紧密联系并充当其代理人。伴随着乌克兰国内外持续不断的政治与经济危机，民粹主义政党和思潮在乌克兰国内开始受到广泛关注，并且对乌克兰国家转型进程产生了关键性的影响。民粹主义的理念是平民掌控政治，反对精英或贵族掌控政治。随着反精英的极端化，乌克兰急于寻找并商定一种自己的、清晰的精神价值观体系，并且为了确定乌克兰语等乌克兰文化的主体地位，乌克兰国内的“去俄化”行动轰轰烈烈地开始了。

在独立之初，乌克兰的去俄罗斯化的节奏相对缓慢，通过《乌克兰宪法》和《乌克兰语言法》这两部国家法律来提高乌克兰语地位。进

---

① 《乌俄总统通电话讨论乌克兰东部问题》，新华网，2020年，http：//www.xinhuanet.com/world/2020－02/15/c_1125576636.htm。（上网时间：2020年3月15日）

入21世纪之后，乌克兰去俄罗斯化的节奏明显加快。“橙色革命”后，当时的总统尤先科开始了“一场对俄语的战争”，颁布了两条“限俄令”：乌克兰的法律诉讼只能使用国语和国家公务员必须进行乌克兰语水平测试。① 而在2016年乌克兰基础设施部长弗拉基米尔·奥梅良在自己的社交平台上宣布：2016年底前，乌克兰各大火车站将去除所有使用俄语书写的信息，所有车票、站名、通告、信息牌将只使用乌克兰语和英语。

泽连斯基上任后，乌克兰的“去俄化”已经取得不小进展。2019年6月13日，美国地名委员会根据乌克兰外交部的倡议和全体成员讨论后，一致决定更改乌克兰首都基辅的写法。至2019年6月17日，在美国的国际地名数据库中，基辅的拉丁字母拼法将由俄罗斯化（Киев）的“Kiev”转写为乌克兰化（Київ）的“Kyiv”。这不仅是乌克兰“去俄化”的巨大进展，同时也是乌克兰外交史上的一大胜利。2020年，泽连夫斯基签署了《普通中等教育法》，该法规定从2020年9月起取消俄语学校，同年，乌克兰最高拉达通过了一项中学教育法——来自俄语家庭学生从五年级起不少于80%的课程学习必须使用乌克兰语，使用俄语的教学计划将取消。由此可见，在泽连斯基担任总统期间乌克兰国内的“去俄化”节奏非但不会减缓，还有可能愈加剧烈。显然，这种激进的去俄化举措可能会破坏双方之前就东部武装冲突达成的共识，使两国稍加缓和的关系再度微妙起来。

结　语

泽连斯基上任后在对俄外交方面做了诸多工作，虽然最终结果还未可知，但他的对俄外交风格已可窥见一二。泽连斯基对俄外交反映出乌

① 侯昌丽：《试析乌克兰语言政策的去俄罗斯化［J］. 西伯利亚研究》，2012年第39期，第46—49页。

克兰新外交的特点是主动性和灵活性。[①] 泽连斯基上任后，他没有像前任总统波罗申科那样主动制造事端挑衅俄罗斯，他更加倾向于通过对话来和平解决问题。特别是 2019 年底，针对东部冲突问题泽连斯基多次与俄罗斯谈判，这在一定程度上缓和了两国的关系。但在克里米亚问题上，泽连斯基表明了绝不让步的决心，仍然延续了上任总统的强硬作风。克里米亚的归属问题始终是阻碍两国关系朝着积极方向发展的最大因素。在国家文化的地位问题上，泽连斯基也是坚持完善乌克兰自己的文化精神体系和提高乌克兰语和乌克兰文化的地位，并开展了一系列去俄化的行动，从而来降低俄罗斯文化对乌克兰的影响。因此，有理由认为，在泽连斯基上任后，乌俄两国的关系在一定程度上会有所好转，不会再像之前那样冲突不断升级，但也绝不可能冰释前嫌，完全和解。

---

① 张弘：《泽连斯基启动乌克兰新外交，修复乌俄关系》，《世界知识》2019 年第 16 期，第 38—39 页。

俄乌东正教纷争的根源及影响

何淑娉*

君士坦丁堡普世牧首巴尔多禄茂一世在2018年10月11日宣布，乌克兰教会从俄罗斯东正教会独立，取得自主教会地位，莫斯科及全俄大牧首基里尔也将失去对乌克兰教会的管辖权，这标志着俄乌东正教纷争的正式开始。冰冻三尺非一日之寒，俄乌东正教纷争也是长时间和多方面的原因造成的。

一、影响俄乌东正教纷争的历史因素

约在12—13世纪，“乌克兰”一词开始使用，之后，这一称谓逐步扩大到今天乌克兰的大部分地区，并形成了一个新的民族。然而，乌克兰当时只是一个地理学和民族学概念而不是一个政治学概念，因为不存在乌克兰这样一个国家。乌克兰在历史上曾多次被瓜分，一些地区曾经被不同的外族政权统治，但乌克兰从属于沙皇俄国的时间比从属于其他国家的时间更长，因此在这一过程累积的矛盾也更多，这也为现在的俄乌东正教纷争埋下了隐患。17世纪中叶，乌克兰被波兰—立陶宛王国所控制，信仰天主教的王公强迫乌克兰推行“天主教化”，并压制和迫害

* 何淑娉，四川外国语大学俄语学院硕士研究生。

东正教会及其信徒，引起乌克兰下层民众和哥萨克骑士的强烈不满。于是在1648年，乌克兰人民在鲍格丹·赫梅利尼茨基的率领下起义，反对波兰的统治。为了获得同样信仰东正教的俄罗斯的帮助，赫梅利尼茨基多次表示愿意服从沙俄的领导。1654年3月，双方签订了《鲍格丹·赫梅利尼茨基基本条约》，亦称《三月条约》。与俄罗斯的结盟也成为乌克兰历史的重要转折点，乌克兰历史发展的轨迹由此转向了俄罗斯。① 之后的200多年，沙俄一直牢牢控制着乌克兰。彼得大帝时期在乌克兰全面推行俄罗斯化的殖民政策，按照俄罗斯的社会模式、价值观念和语言文化重新构建乌克兰：沙俄用“胡萝卜加大棒”的策略控制了乌克兰上层统治阶级；确立俄语的官方地位，把乌克兰语贬低为“乡巴佬”的语言；禁止乌克兰语的书籍和教科书出版，强制乌克兰人抛弃自己的语言和文化传统。虽然1917年“二月革命”后沙俄帝国瓦解了，但随后的苏联政权继承了沙俄在乌克兰的一切权利。

在东正教会历史方面，14世纪中叶，立陶宛公国吞并了南罗斯，即现今乌克兰的大部分土地，使基辅东正教总教区与俄国的总教区分离，而臣服于拜占庭教皇，产生了乌克兰东正教。1448年随着俄罗斯东正教拒绝服从拜占庭牧首而宣告独立，在乌克兰又出现了服从莫斯科的俄罗斯东正教。1458年以基辅为中心的西南罗斯都主教区同意接受拜占庭都主教管辖，罗斯教会在管理组织上一分为二，西南罗斯从属于君士坦丁堡牧首区，东北罗斯则实行内部管理自治。1593年，全球各东正教会牧首共同签署法律文告，“承认和批准莫斯科牧首约夫的地位”，并且称其为东正教世界“第五位牧首，名列耶路撒冷牧首之后”。这样，俄罗斯东正教会成为东正教世界的第五个牧首区。前文已提到1654年后乌克兰领土纳入了俄国，乌克兰东正教的基辅主教又逐步脱离拜占庭而服从莫斯科主教管辖。1686年，君士坦丁堡教会圣主教公会发布文告，“同意将基辅都主教区转归莫斯科牧首区教规管辖”。② 于

---

① 张弘：《社会转型中的国家认同：乌克兰的案例研究》，《俄罗斯中亚东欧研究》2010年第6期，第3页。

② 戴桂菊：《俄罗斯和乌克兰宗教纷争的原因与后果》，《世界宗教文化》2019年第5期，第72页。

是，基辅都主教区就从法律上成为了俄罗斯东正教会的教规领地，所以君士坦丁堡牧首巴多罗买一世于 2018 年 10 月 11 月宣布取消 1686 年将基辅都主教区交由莫斯科牧首区管辖的决定势必导致俄罗斯东正教会的强烈反对和不认同。

乌克兰国内三个东正教教会分别是 1921 年独立的“乌克兰自主正教会”、苏联解体后自行宣布独立的“基辅牧首圣统”乌克兰正教会以及服从莫斯科的“莫斯科牧首圣统”乌克兰正教会。其中自主东正教会是 20 世纪 20 年代初由乌克兰西部反苏维埃统治而建立的乌克兰东正教会组织，他们希望摆脱俄罗斯东正教会的束缚，于是请求君士坦丁堡牧首管辖，但当时未被批准。1929 年末苏联开始逮捕其成员，到 1937 该教会组织的神职人员和教区被消灭。1990 年 6 月，（莫斯科牧首区）乌克兰东正教会都主教费拉列特（杰尼先科）在俄罗斯东正教会牧首选举中败北。心有不甘的他回到乌克兰便发起了脱离俄罗斯东正教会管辖的运动。1991 年 8 月 24 日，乌克兰宣布独立后，因为与俄罗斯在克里米亚和黑海舰队的归属问题上存在分歧严重，首任总统科拉夫丘克选择了亲西方的外交政策并竭力支持以费拉列特为首的乌东正教会摆脱俄罗斯东正教会的控制。1991 年末，费拉列特召集乌克兰东正教会部分高级主教集体上书莫斯科牧首区，要求“赋予乌克兰东正教会完全的教规独立，（使之成为）自主教会”。1992 年 5 月，俄罗斯东正教会撤销了费拉列特的神职。然而，后者也不甘示弱。他联合乌克兰自主教会部分神职人员于 1992 年 6 月在基辅成立了（基辅牧首区）乌克兰东正教会，总部设在基辅的弗拉基米尔教堂。该教会宣称继承 1868 年以前基辅都主教区的传统，在教规领地上归君士坦丁堡东正教牧首区管辖。1995 年 10 月 20 日，费拉列特当选为该教会首位牧首。[①] 这样，乌克兰东正教会的分裂之势已然形成，连礼拜时都使用不同的语言：乌克兰的俄罗斯东正教宗教礼仪使用俄语，而乌克兰自主正教的宗教礼仪则使用乌克兰语。

---

① 戴桂菊：《俄罗斯和乌克兰宗教纷争的原因与后果》，《世界宗教文化》2019 年第 5 期，第 73 页。

二、影响俄乌东正教纷争的现实因素

1. 君士坦丁堡牧首区与俄罗斯东正教会之间矛盾的加深

君士坦丁堡牧首区是具有独特历史地位的东正教会，俄罗斯东正教会是当今世界规模最大的东正教会。俄乌纷争实际上是二者之间为争夺对乌克兰东正教会控制权而展开的一次较量。2019 年 1 月 5 日，君士坦丁堡东正教会牧首巴多罗买在伊斯坦布尔签署了赋予乌克兰东正教会自主地位的文件——托马斯，并于 2019 年 1 月 6 日递交给都主教叶皮凡尼。君士坦丁堡东正教会的一系列举动，既有政治、经济等利益的因素驱使（新的乌克兰自主教会成立后，原有这些堂区的经济收入应属于君士坦丁堡牧首区所有），更深层的原因则在于其对自身东正教世界首席历史地位的危机感，而这种危机主要来自于曾经是自己子教会的俄罗斯东正教会。2009 年基里尔就任俄罗斯东正教会牧首后，在延续前任牧首阿列克西二世政策的基础上，加大力度对俄罗斯东正教会进行革新，逐步实现东正教的发展从“量”的增长到“质”的提升的转型，并谋求俄罗斯东正教会在东正教世界的发言权：包括加快在远邻国家的发展步伐，如恢复在欧洲的影响和加强在亚洲和阿拉伯地区的传教工作；封圣新殉教士和认信者（指 20 世纪以来因政治、战争等因素而牺牲的俄罗斯东正教会神职人员与平信徒）是俄罗斯东正教会历史上具有特殊意义的事件，促成了 2007 年俄罗斯海外东正教会与母教会的统一，[①] 也在一定程度上使得人们对 20 世纪的俄罗斯历史有了一个更为全面的认知；俄罗斯东正教会还积极与世俗的新闻媒体合作来加强教会对外宣传的力度和影响力，这一切都使得君士坦丁堡牧首区对自己的地位产生了

---

① 王帅：《基里尔任牧首十年来俄罗斯东正教会的发展研究——传承、转型与挑战》，《俄罗斯研究》2019 年第 3 期，第 181－182 页。

担忧。[①]

俄罗斯东正教会与君士坦丁堡牧首区关于流散群体管辖权存在分歧。在君士坦丁堡牧首区赋予乌克兰东正教会自主地位的文件中规定：不容许乌克兰教会在乌克兰国家边界之外设立自己的主教和建立自己的堂区，而且把已属于乌克兰教会的境外堂区归属于君士坦丁堡教会，理由是“普世圣座在教规上拥有对流散群体的全权”。这条规定涉及东正教会法规中的一个有严重分歧的问题——教会领地中的流散信徒群体归属问题。所谓“流散群体”，是指居住在本民族属地之外的其他民族占多数地区的族群，例如法国的俄罗斯人流散群体、波兰人流散群体或亚美尼亚人流散群体。用在东正教意义上，是指处于东正教地方自主教会基本领地范围之外的少数派移民信徒群体。君士坦丁堡教会认为一切在流散群体中和在东正教自主教会范围之外的东正教社团和移民区，无论哪一个民族，在教会关系上都应当从属于最神圣的牧首圣座，但俄罗斯拒不接受君士坦丁堡教会对流散群体的独有管辖权。俄罗斯教会法学家强调迦太基会议所规定的教区划分原则——领地就近原则和教民意愿原则。对于流散群体中的新建教会，归属原则是，“如果一个教会使得在不属于任何一个地方教会管辖范围的某个非基督教民族皈依了基督教，或使得这一地区的某个异端或分裂团体回归了东正教，那么，这个教会对于新建立的教会来说，就是母教会或主导教会”。因此，流散群体中新建立的主教区、堂区和修道院都应归属于这个母教会或主导教会。事实上，俄罗斯教会以及其他几个自主教会，都与君士坦丁堡教会一样行使对流散群体的管辖权。[②] 因此，在俄罗斯东正教会不承认这份文件的合法性。

2. 俄乌政治关系恶化和国家认同的需要

乌克兰独立后一直选择的是亲西方的政策以求摆脱俄罗斯的控制。

---

① 王帅：《基里尔任牧首十年来俄罗斯东正教会的发展研究——传承、转型与挑战》，《俄罗斯研究》2019 年第 3 期，第 184 页。

② 徐凤林：《乌克兰东正教会“牧首教令”中的教规问题》，《世界宗教文化》2019 年 5 期，第 117—118 页。

2005 年 1 月 23 日，乌克兰橙色革命的发动者维克多·尤先科当选为新一任总统。执政 5 年期间，他全面贯彻该方针并加快乌克兰脱俄入欧的进程，因此全力支持乌克兰自主东正教会和（基辅牧首区）乌克兰东正教会投入君士坦丁堡牧首区怀抱。2014 年 3 月，俄罗斯以公投的方式将乌克兰的克里米亚半岛并入自己的领土，从而触动了乌克兰国家利益底线，俄乌关系急剧恶化。2014 年 6 月 7 日，乌克兰总统彼得·波罗申科宣誓就职并继续尤先科未完成的事业。随后，他加紧推进乌克兰入欧进程，同时竭力促成乌克兰东正教会最终脱离俄罗斯东正教会管辖。

加强国家认同的现实需要。国家认同大都以血缘、语言、宗教、文化传统和民间习俗为基础，对于有宗教信仰的国家来说，宗教认同无疑是民族认同的重中之重，它们共同组成为国家认同的合法性文化资源，宗教渗透国家的政治、法律、经济和道德生活之中，并相应地对其他国家的文化具有某种程度上的封闭性和排他性。从自身国家利益出发，独立后的乌克兰政府开始奉行乌克兰化政策，迫切地希望去俄罗斯化，从民族、文化、历史和语言等多方面重新构建民族国家的认同，但这在无形之中增加了国内东西部之间的矛盾。因为乌克兰东部地区的居民讲俄语居多，信奉东正教，在经济上与俄罗斯有着密切的联系，自然在情感上更加倾向于俄罗斯；而乌克兰西部地区的居民主要讲乌克兰语，多信奉天主教，以农业和轻工业为主，对俄罗斯统治的历史有着很深的敌意。① 乌克兰东西部地区这种长期以来存在着的文化和宗教上的差别对独立后的国家认同产生很大的阻力。目前，乌克兰主要的宗教包括东正教和天主教。东正教信徒约占人口 85% 的比例，天主教约占 10% 。因此处理好民族国家的认同问题，尤其是东正教信仰问题，将对乌克兰的建设和发展产生深远影响。

---

① 张弘：《社会转型中的国家认同：乌克兰的案例研究》，《俄罗斯中亚东欧研究》2010 年第 6 期，第 6 页。

三、俄乌两国对东正教纷争的应对

在俄罗斯方面，俄罗斯东正教会宣布与君士坦丁堡教会断绝关系，这意味着莫斯科牧首区的信徒无法在君士坦丁堡普世牧首的教堂中领圣餐，两个教会的祭司和神职人员也无法进行联合礼拜。有俄罗斯神职人员感叹，这是1054年东西分裂后，基督教一千年来最大的分歧。《今日俄罗斯》援引俄罗斯系统分析和预测中心主席罗斯季斯拉夫·伊斯坚科话说："这件事对于俄罗斯教区的居民不算什么，他们并没有在普世牧首的教堂祈祷，因为后者根本不存在于俄罗斯领土上。这件事主要意味着俄罗斯教会不再承认君士坦丁教会传统地位。"另一方面，伊斯坚科认为君士坦丁堡教堂的教区居民数量可以忽略不计。虽然俄罗斯绝大多数人称自己信仰东正教，但是这种信仰认同在一定程度上并非是宗教认同，更多的是一种民族认同、文化认同，于个人而言，东正教只是个人精神生活的选择和慰藉。因此俄乌的东正教纷争对俄罗斯本土的信众来说并没有太大影响。

在乌克兰方面，时任乌克兰总统波罗申科在基辅都主教的陪同下，于当地的圣索菲亚教堂宣布，基辅都主教被选为乌克兰独立东正教会的领导人。波罗申科面对民众说："这一天将作为从俄罗斯最终独立的一天进入（乌克兰）历史。"他还与台下成千上万的民众们高喊："荣耀、荣耀、荣耀"并告诉台下的支持者和信众称，"这是一个没有为俄罗斯政权和杀死乌克兰人的俄罗斯军队祈祷的教堂"。此外他还表示，乌克兰不是、也不会是俄罗斯教会的领土，建立一个独立的乌克兰东正教会已成为国家安全问题的一部分。他说："这是乌克兰国家的问题，我们掌握精神上的独立，这可以比作政治独立，我们打破了与俄罗斯绑在一起的锁链。"而新任主教埃皮法尼乌斯向聚集在教堂外的数千人说："上帝听见我们的恳求，并给了我们预期的团结。"他强调，新教会的大门将向所有人敞开，鼓励乌克兰人团结一心。参加会议的精神领袖致力于建立一个爱国的独立教会。神父德米特里耶夫表示："有鉴于乌克兰与俄罗斯间的冲突不断，我们应该拥有自己的教会，而不是克里姆林宫在乌克兰的代理人。"①

君士坦丁堡牧首所签署的牧首教令的最后一段除了提到乌克兰新教会首脑叶皮凡尼之外，还有乌克兰总统波罗申科的名字。在一项正式的教会法令公文中加上了国家总统的名字，这种做法令许多教会内外的评论者大为诧异。因此莫斯科国立大学哲学系学者指出，君士坦丁堡牧首区的现在方针具有两个明显特点：一是政治性胜于宗教性，二是暂时性而未必是永久性。不排除将来被撤销的可能性；按照这些规定，乌克兰教会更像是君士坦丁堡牧首区下属的"自治教会"，甚至是半自治，比俄罗斯教会所赋予它的自治度还低。由于牧首教令的制定与内容中存在的若干教规问题，加之莫斯科教会的坚决抵制，这一教令所宣布的乌克兰教会的自主地位，目前尚未得到世界其他几个自主教会的承认。

结　语

俄乌的东正教纷争有可能会导致未来白俄罗斯和中亚五国东正教会也产生成立自主教会的想法。所谓的"白俄罗斯自主东正教会"在二战后就一直在积极活动，此外白俄罗斯对自己语言的强化，对国名的中文译名（白罗斯）的讨论等都是白俄罗斯民族主义加强的表现。为了维持自身威望和境外势力，俄罗斯东正教会未来很可能会加强对这些国家东正教的管理，并极力与君士坦丁堡牧首区抗衡来保证自己对乌克兰东正教会的管辖权。

与此同时，随着乌克兰新任总统泽连斯基上任后积极修复乌克兰与俄罗斯的关系看，俄乌之间的东正教纷争正在趋于平缓。首先是因为乌克兰社会情绪在 2019 年已经逐渐趋于理性，极端民族主义浪潮消退，

① 《历史性分裂！乌克兰东正教脱离俄教会独立》，https：//ml. mbd. baidu. com/r/50zaaso？f = cp&u = 4be316ddec2fa2fd。（上网时间：2020 年 3 月 29 日）

安全、民主、民生是民众在2019年总统选举时关注的重点。总统选举和议会选举结果显示，主张与俄对话、实现国家变革的政治力量成为主流。泽连斯基在竞选时也多次承诺，要尽快实现顿巴斯彻底停火，让被俘的乌克兰军人回家。可以说修复与俄罗斯关系、实现顿巴斯地区的彻底停火是乌克兰社会的主流民意之一，也是泽连斯基上任后必须面对的紧迫任务。其次，与俄罗斯的关系事关乌克兰的安全和领土完整。在乌克兰东部顿巴斯地区安全问题上，乌克兰一直处于弱势，乌难以在军事上战胜强大的俄罗斯。如果任由分裂和冲突继续下去，顿巴斯地区可能会从乌克兰版图中彻底分裂出去。① 而俄乌的东正教纠纷也会加剧乌克兰国内本身就存在宗教差异的东西部之间的矛盾，所以俄乌也在寻找更稳妥的方式平和地协商解决东正教纷争。

同时，在俄乌的东正教纷争解决中也存在着不利因素。乌克兰危机后，统一的乌克兰民族国家认同也在迅速形成，乌克兰在语言、宗教和文化上更加本土化和国际化，也就是说去俄罗斯化更加成功，所以国内民众想保持自身独立的宗教文化的愿望可能会更强烈。若是与俄罗斯修复关系，那么乌克兰很可能失去西方大国的支持。在美俄关系尚未缓和之前、在俄罗斯与欧盟关系未完全修复之前，作为大国博弈牺牲品的乌克兰想单方面修复与俄罗斯关系仍然存在很大难度，俄乌东正教的纷争仍会持续。

① 张弘：《泽连斯基启动乌克兰新外交，修复乌俄关系》，《WORLD AFFAIRS》2019年第16期，第38页。